きらいな母を

きらいな母を看取れますか？
関係がわるい母娘の最終章

寺田和代
Kazuyo Terada

関係がわるい母娘の最終章

看取れますか

主婦の友社

きらいな母を看取れますか？
関係がわるい母娘の最終章

もくじ

＊ストーリー1～6はすべて仮名を用い、人物が特定できないよう内容に手を加えました。

プロローグ

母娘関係に困難を抱えてきた人は
どのように生き抜いて、年齢を重ね、
母の介護にどう向き合うのだろう。

「時に看取りは、親子間のわだかまりを解かす役割をもちます」と始まる、ある介護職の人が新聞に書いたコラムに、思わず目が留まった。母と絶縁状態だった五五歳の女性が、末期がんで緩和ケアの段階にいたった母（享年七六）の体に軟膏を塗ってあげるうちに、母への気持ちが変化したというエピソードが次のように紹介されていた。

○○（女性の名）さんは、私にこう言いました。「まるで第二の子育てをしているみたい。何かをはらんでいる妊娠期間のようです」。そう、「お母さんへの許し」という気持ちが、生まれようとしていたのです。（中略）まさに親子のふれあいを実現できたのは、在宅だったからでしょう。（中略）でも最期は、仲の良い母と娘に戻っていったのです。看取りには、家族をつなぎ直す力があると改めて感じました。

（朝日新聞『それぞれの最終楽章』二〇一九年五月一一日）

唖然とした。母の体に軟膏を塗る、つまり、身体にふれることで娘の長年のわだかまりが解消した、と熱くつづる筆者の、こう言ってはなんだけれど、おめでたさに暗澹《あんたん》となった。緩和ケアにいたる以前の、絶縁と記された母娘関係にはいっさいふれず、軟膏を塗る、という現在のささやかな医療行為をふれあいというよくわからない言葉で表し、「終わりよければすべてよし」の紋切り型へと迷いなくまとめ上げてしまう大胆さ。人の心や親子関係という複雑きわまりないものへの、なんという粗さだろう。

一方で、この国の人たちの親子愛神話の盤石さ、ものごとを「水に流す」ことへの強い志向、複雑さを忌避する傾向を思えば、多くの人がこの文章を肯定的に受けとめる現実も想像できた。そして、互いにこううなずき合って安心するところまで。

「いろいろあっても最後はやっぱり親子ですね」

はじめに断っておけば、このコラムに自らの実感や認識を難なく重ねられる人の思いに何かを言おうとしているのではない。温かな養育環境を提供できる親のもとにたまたま生まれ育ち、そこそこ良好な親子関係を築いてこられた人たちが、介護が必要になった老親に自らの現実が許す限り寄り添いたい、と考える気持ちは当然だ。だれかに大切にされた人が、その相手を大切にし返したいと願う心は、だれに強要されるまでもなく、おそらく多くの人の心にあるもので、それができる親子関係は、人が人生から与えられるもっとも大きなギフトのひとつと言えるほど、すばらしいものだと思う。

問題は、ギフトに恵まれなかった人たちにも、恵まれた人たちと同じ親子愛の鋳型が押しつけられることだ。それがいやも応もなく顕在化するのが親子関係の終盤、親に介護が必要になったときではないだろうか。親子関係の歴史とその質は問われないまま、子に親孝行や介護(直接その行為に携わるか否かは別として)が同じように求められ、関係のわるかった親子であれば、最終章にいたってなお和解や赦《ゆる》しが期待されることすらある。

人生の早い時期に親子愛の恩恵をあきらめざるを得なかった人たちに、「親の愛は山より高く海より深い」と説き、親子なのだから今生の別れまでに、赦せ、和解せよ、とたとえ暗黙のうちであったとしても期待するのは、異性愛以外のセクシュアリティの人に「なぜ異性愛になれないの?」と問うのと同じくらい、無知で傲慢なことではないだろうか。

「関係のわるい母娘」の当事者、取材者として

身体的・精神的・性的な虐待、養育放棄(ネグレクト)、過干渉、親の依存症、面前DVなど、親(または養育者)から広い意味での虐待を受けて育った人、とりわけ「現在の自分の生きづらさが親との関係に起因すると認めた」AC(アダルト・チルドレン)を自認する人、あるいは虐待を受けたとまでの認識はなくとも、親との関係に困難を抱えた人たちは、老親介護という現実をどう受けとめ、どんな選択をするのだろう。

この本では、親/子、介護する/される関係の、どちらの側も女性に、つまり母と娘の

介護関係と限定した。それというのも、いまだに介護は女性に期待されることが多く、実際のデータを見ても、同居する家族介護者のうち男女比は男性三四％に対し、女性六六％(厚労省「国民生活基礎調査」二〇一六年)と圧倒的に女性が担っているうえ、超高齢化に伴って親の要介護期にいたるまで母娘問題が持ち越されがちだからだ。また、娘がＡＣ自認をせざるを得なかったような母娘関係を生んだ家庭の多くは、そもそも「父(がいても)不在」なことも多い。実際、このインタヴューを始めた当初は、老親介護の対象を父と母どちらも想定していたにもかかわらず、応じてくれた六人の当事者全員が母の介護について語った。

私がこの問題に関心を抱くようになった理由は、二つある。一つは私自身がＡＣ当事者であること、もう一つは、ライターとして介護保険制度がスタートした二〇〇〇年からさまざまな介護現場を見てきたことだ。

介護という行為だけでも容易ではないのに、それ以前の母娘関係がわるかったり、育てられた過程で親からさまざまな抑圧や虐待があったりすると、娘の精神的・身体的なストレスはさらに増大する。老親介護を親子愛、献身、親孝行、恩返しの文脈で語る周囲や世間の圧力に追い詰められたり、疎外感を感じたりすることもある。それは、子ども時代から複雑な関係だった母を見送った私自身の実感でもあった。

学齢前に父が自死した私は、その後、母が再婚した養父、彼らの間に生まれた息子（私にとっては異父弟）との四人家族に育った。母の再婚と弟の誕生をもって、父の死は〝なかったこと〟として家族・親族の歴史から葬られ、私は自死遺児に対するケアをまったく受けられなかったばかりでなく、父の死はだれにも語れない秘密になった。秘密は中身そのものより、秘密にしなければならないという重圧が人の心をむしばみ、そのことであらゆる人間関係から音もなく遠ざけられてしまう。子どもであればなおさらだ。

飲酒問題を抱えた養父とは、私が一八歳で大学進学のために家を出るまで、以降、永遠に、会話らしい会話を交わしたことがない。なにかといえば、「生意気だ」と私を殴り、母もまた夫への遠慮からか、言葉ひとつ残さずに自死した私の父への複雑な思いを娘に重ねたのか、養父以上の暴力と暴言で傷つけ、〝三人家族〟から異分子のように疎外して、私の心を打ち砕いた。

あれから半世紀近い歳月が流れた今なお、刃物を手にした養父や母に追われる悪夢を見ては、自分の叫び声で夜中に目を覚ますことがある。そのことで現在の生活が脅かされることはもうないけれど、ＰＴＳＤ（心的外傷後ストレス障害）とはこれほどにしぶといものかとつくづく痛感させられる。

人生の転機は、三〇代半ばで大うつ病で倒れたのを機にＡＣ概念に出会ったとき。心ある援助者や自助グループの仲間に支えられ、今も回復途上だ。

末期がんに侵された母をものわかれのまま見送ったのは、AC自認から二〇年近く経っていただろうか。縁者から、余命いくばくもない、という知らせをもらいながら、私は会いに行くことを選ばなかった。父の自死を封印し、養父のアルコール問題も、娘への虐待も否認しつづけた人と、いったい何を語り合えただろう。

たった一度、子ども時代のつらさを決死の思いで手紙に書いて伝えたときも、「私がどんなにあなたを誇りに思ってきたか、あなたにはわからなかったのですね」と、この期に及んで娘を責める、的外れなひと言だけが返ってきた。

関係者のなかには、「お母さんに優しくしてあげて。親子でしょう」と諭す口調の人もいたけれど、「はい」と答えるだけにとどめた。説明したところでわかってもらえるはずもない。家族関係の歴史に無頓着な人ほど、親子愛や和解のドラマばかり欲しがるのだ。その人自身のカタルシスのために。

親の介護は育ててもらった恩返し？

仕事で介護の現場を歩くようになったのは、大うつ病を機に福祉や介護制度の全体像を知ろうと、社会福祉士資格を取得してからだ。介護の社会化、措置から選択、利用者主体など、制度全体が失速してしまった今から思えば、まばゆいばかりの理念を掲げた介護保険制度がスタートしたころだった。家庭内で女性が無償で担ってきた介護が、社会全体で支えるものに変わった画期的な出来事だったけれど、人々のメンタリティは一朝一夕には変わらないと痛感させられることも多かった。

当時、盛んに行われていた介護系シンポジウムで見た光景を、今でも忘れられない。ある介護事業所経営者が、「子どものころ、私たちみんな親にオムツをかえてもらったでしょう。今度は私たちが親のオムツをかえて恩返しする番」と話し、会場の人たちがウンウンとうなずいているさまに心底ぞっとした。

ケアの質に定評があったある認知症高齢者グループホームの管理者は、なかなか面会に来ない家族の一部には、その背景に良好でなかった親子の歴史があると認識したうえで、「家族の最後の出会い直しをお手伝いするのも、私たち介護者の仕事です」と熱く語った。

(そう、まるで冒頭コラムの筆者のように)。

実際、その事業所では地域を巻き込むさまざまな行事を通じて〝ケアをひらく〟企画に熱心で、そのつど家族に声がかけられていた。もちろん、それは多くの家族に喜ばれ、関係者や研究者にも評価されていたけれど、そんなことで〝絆の結び直し〟とやらを目論まれるのはまっぴらと感ずる人たちもいただろう。

別のあるグループホームの家族会では、家族が認知症本人（多くは実の親）との思い出や、若いころのエピソードを語る企画が人気だった。病気以前の本人の姿を家族が再認識し、家族会や介護者と共有するという点で意義のある試みだったけれど、そこで語られる話は不思議なほどどれも似通っていることに気づいた。

具体的なドラマや細部はもちろんそれぞれだけど、だれもが〝愛（と、世間が考えるもの）〟や〝（親子や家族の）絆〟の存在を注意深く織り込みながら語るのだ。過去にどんな厳しい関係や出来事があろうと、人が世間に対して老親や家族を公に語るときはどこかに〝愛〟の糸を少なくとも一本は織り込むことが定められているように。料理でバラバラの具材をまとめるためにひとさじの片栗粉を使うように、どんな語りにもひとつまみの〝愛〟が必要だった。それがなければ、語り手はその場の人たちからドン引きされかねない雰囲気があった。「老いた（認知症になった）親の過去の加害行為を責めるな」は、「亡くなった人の悪口を言うな」と同じくらい人々に共有される不文律になっているように感じた。

私はここで、育った家庭や親について本当のことはけっして口にすまい、とつくづく思ったものだ。

母娘関係に困難を抱えてきたあなたは、母の介護にどう向き合いますか？

私は、自分が当事者であることを明らかにしたうえで、六人の当事者仲間に話を聞き、同じサイドに立ってくれる二人の専門家に解説をお願いした。

唐突に聞こえるかもしれないけれど、最近、ある政治学者の講座に参加して、シェイン・フェラン（Shane Phelan）の「ほとんどのゲイ・レズビアンは、異性愛中心の家族と隣人たちに取り囲まれている」「異性愛こそが祖国」という主旨の文章に出会い、〝異性愛〟を〝親子愛〟に置き換えても同じだ、と思わず膝を打つ経験をした。

親との出会いから別れまで親子愛を母語とする祖国に生まれ、母語だけを語る隣人たちのなかで、私は前半人生において自分の言葉をほとんど口にできなかった。それが、自助グループに参加したことを機に、似たような苦労を抱えながら、この親子愛礼賛社会で、まるで隠れキリシタンのように生きている仲間が大勢いることを知った。彼女たちは、それぞれどんな言葉で親子関係を生き抜き、年齢を重ね、母との最終章を描こうとしているのだろう。

自身の言葉と母語との間に違和感や齟齬《そご》を感じてきた人たちが、だれもが無縁ではいられない親の衰えや介護という局面にさしかかったとき、その先を少しでもその人らしく自由に生きるために役立ちそうな何かを拾ってもらえたら、と思う。

さらに言えば、言語は母語だけでなく、多言語に通じているほうが人間や世界への視野を広げ、深めてくれると意味で、親子愛という母語ひとつで事足りるという人たちにも、社会にはさまざまな現実、それぞれの言葉があると伝えられれば、こんなにうれしいことはない。

ストーリー1

謝罪は求めない。だけど赦《ゆる》さない。
怒りと悔しさは一生消えないけれど
本当の気持ちは言わずに別れよう。

エリコさん［五三歳］

男女雇用機会均等法が施行された一九八六年に短大を卒業し、新卒で地元の企業に正社員として採用され、現在もそこで働きつづける会社員のエリコさん（五三歳）。独身で子どもはいない。大きな出世こそしなかったものの、経済的な不安はなく、ときどき好きな旅や温泉を楽しむゆとりもある。「ひとつの会社でよく頑張ってこられましたね」と言うと、「安定した職に就けたこと。両親が早めに高齢者マンションに入居してくれたこと。その二つだけが、私の人生の幸運だったかもしれません」と小さく笑った。

ひとりっ子のエリコさんの家族は今、同じまちにある高齢者マンションでひとり暮らしをする母だけ。長年がんを患い、一時は寛解状態にまで回復していた父は、四年前にそのマンションで急変し、一夜にして亡くなった。

ひとりになった母とは、年に何度か一緒に外食、ときには温泉に行くこともあるそう。「父が亡くなって、母との関係も少し変わったと思います」

穏やかに語り始めた先に展開したのは、家族の驚くような秘密だ。

父の不機嫌と母の過干渉

会社員の父と専業主婦の母のひとり娘として生まれたエリコさんを子ども時代から苦し

めたものは、父の不機嫌と、母の過干渉だった。

「ものごころつくころ、すでに両親は不仲でした。子ども時代を思い出すとき、真っ先によみがえるのは、父の不機嫌です。家にいる間じゅう、とにかく不機嫌を垂れ流しつづける。突然、ぷいと押し黙り、そのまま何日も口をきかない。理由は母も私もわかりません。たぶん理由なんてなかったのでしょう。それなのに朝晩の食卓はほぼ三六五日、三人で必ずきちんと時間どおりに囲むわけです。「いただきます」だけは三人そろって儀式のように言うのに、食べ終えて食卓を離れるまで、だれもひと言も口をきかないし、目も合わさない。だから、食事の時間が苦痛で苦痛でたまりませんでした」

このことはだれにも言っちゃいけないよ、と母に言い含められた。もちろんだれに言えるはずもなかった。

「だって世間的にはよいお父さんなわけです。お酒飲まない、ギャンブルしない、浮気しない。毎日決まった時間にきちんと会社に出かけ、判で押したように午後六時には帰宅し、必ず家で夕飯を食べる。母だけでなく、子どもの私にまで、近所のおばさんたちは「真面目ないいお父さんね〜」とほめるし、母は「幸せな奥さん」とうらやまれていたと思います。で、ここがまた家族関係を歪ませたポイントだったと思いますが、内実はどうであれ、母にとっても世間から〝そう見られる〟ことが最大のアイデンティティでありプライドだったんです。父の不機嫌モードはもっとも長いときで二年間続きました」

二年間！

「そう。私が小学校高学年のころ。同じ家で毎朝毎晩一緒に食卓を囲んでいるのに、二年間ひと言も口を聞かないし、顔もまともに見ない。たまに口を開けば母を怒鳴りつけるか、何かわめきながら家具や壁を蹴とばしてるか……。その場に私もいるのにいないものとして扱われていました」

親族の冠婚葬祭など家族の体裁を整える必要があるときは、暗黙のうちに全員がスイッチを切り替えた。

「体面が何より大切な両親ですから。たとえば冠婚葬祭当日の朝になると、まず父が急にしゃべりだすんです。それに母も合わせ、私も子どもながら、自分に期待されている役割を自然と察して従いました。仲よし三人家族という体で行くわけです。親戚や近隣との社交にも満面の笑みで臨み、お久しぶりですね、みたいにニコニコ話しかける父を見て、周囲のだれもが私たちに、いいお父さん、いいご主人ね、と声をかける。だけど家に戻るやいなや不機嫌モードに切り替わる。やっぱり、がっかり、また明日からあの食卓が始まるのか、という絶望感でいっぱいになる。その繰り返しでした」

一八歳になったら家を出よう

絶望と茶番劇の繰り返し。とりわけ忘れられないシーンは、エリコさんが小学校高学年のころ、さすがに耐えきれなくなったのか、母がそれぞれの実家を巻き込むようにSOSを出した日のことだ。

「母は、まず父方の祖母に夫を説得して、と頼んだのでしょう。休日だったと思いますが、祖母が昼間、家まで話し合いに来ました。私は自分の部屋でじっと息を殺し、大人たちが話し合う気配に聞き耳を立てていました。なぜか父が泣いて、妻がわるい、オレがかわいそうだ、と訴え、それを聞いた祖母も泣いちゃって……。笑っちゃいますね」

その日の夕方になって、エリコさんと母はいったん母方の実家へ避難。夜になるとそこに双方の祖母に叔父まで加わって、さらに話し合いが続いたものの埒《らち》が明くはずもなく、どちらかの祖母が、「エリちゃんの意見も聞きましょう」と唐突に話を振ってきた。

「大人たちの視線がいっせいに私に向けられた瞬間、緊張の糸が切れて大声で泣きました。言いようのない怒りと恥ずかしさがこみ上げて、どうしていいかわからない。お父さんが優しい人になってくれるなら家に戻ってもいいけど、このつらさが続くなら、お母さんと二人で暮らしたいとぼんやり思っていましたが、当時の私に言葉で伝えられるはずはありません。そのうち全員が泣き始め、祖母がその惨状を自宅にいる父に伝えに行ったら、いそいそと私と母を迎えに来たのです」

何も解決されないまま、離婚は回避されたのだろう。泣き疲れて眠っていたところを急に起こされて、三人で家に帰ったことをよく覚えている。

「母が「エリちゃん、泣き疲れて寝ちゃった」と父に当てつけるように言ったら、「いい、オレが抱いて帰る」って。ははは……。子ども心にわざとらしいやりとりだなと感じたことを今も覚えています。で、翌朝起きたら父の不機嫌は元のもくあみ。もうおばあちゃんに言っても、だれに言っても無駄だ。父のことはこれで完全にあきらめ、一八歳になったら東京の大学に行こう、家を出よう、それを目指して勉強しよう、と思いました」

父の口癖は「女子と小人《しょうじん》とは養い難し」

そんな父と、母はなぜ離婚しなかったのだろう。母の屈折した心情を想像できるようになったのは四〇歳を過ぎてカウンセリングに通い、過去に向き合い始めてからだ。

「現実より世間体が大事という価値観は母も父と同じでしたから、離婚という汚名を避けたかったのでしょう。私の存在も大きかったと思います。母は、自分の人生の空洞を娘で埋めようとしていました。娘のことはなんでも知っているし、娘がしたいことは全部、母が〝決める〟。娘は自分の一部、自分の手足の延長くらいの感覚だったと思います。」

母は大学卒業後、いったんは小学校の教師になりながら、教師なんかしていたら結婚できない、女が働いたらガサツになると、母親（エリコさんの祖母）に辞めさせられた経緯があったとのちに聞いた。家父長的な慣習が色濃い土地柄で、親の言うことは絶対。母は泣く泣く教師を辞め、生け花の師範免許を生かして自宅で生け花教室を開き、結婚後も細々とそれを続けていた。

「それも父が辞めさせました。生徒さんが教室に来る時間が、父の帰宅時間とちょうど重なり、母が教室を終えて台所に行くと、不機嫌な父が石のようにおし黙ったまま座っている。家の中で自分が最優先でないことが許せなかったのでしょう。母は教室を続けられなくなって、生徒さんを断るようになりました。でも、それが母の意地なのか花道教室の看板は玄関に出したまま。それを見て、習いたい、という人が来ると、片っ端から断るにもかかわらず。実質的に二度目のキャリア断念です」

父に圧倒されていた母を、〝絶望を抱えて生きた人〟だったと振り返る。

「父の口癖は「女子と小人とは養い難し」と「働かざる者食うべからず」でした。自分が母の仕事を取り上げておきながら、です。高卒の父は大卒の母への劣等感からか、大卒女がいかにだめか、さんざんけなしていました。そして、「エリコだって高卒で就職したほうがいいに決まってる」と、事あるごとに聞かされていましたから、ああ、ダメだ、大学に行きたいなんて言えないって」

進学か就職か。親に希望を言い出せないまま高校に申し出る期限が近づいたある日、エリコさんは通学の途中で突然、まっすぐに歩けなくなった。歩こうとすると転んでしまう。医師の診断は心身症だったか自律神経失調症だったか……。ストレスの深刻さを見かねた母が、進学費用を父に懇願する〝シナリオ〟を練り、エリコさんがそれを演じた。

「父は経済DVもしていましたから、母が自由にできるお金は一銭もない。進学費用は父に懇願するしかありませんでした。短大にすれば？　と言ったのは母。大学は無理でも短大ならお父さんも首を縦に振るんじゃないか、って。で、父が風呂上がりで機嫌がよさそうなときに、お盆にセットした牛乳だかジュースだかを母に持たされ、はい、今よ！　みたいにドンと背中を押されて父の前に出ていき、「東京の短大に行かせてください！」と。そんな状況でも、父は自分がいかに立派な人間か、ひとしきり私に自慢したあとに、ようやく、なんとなく、まあいいだろうという雰囲気になりました」

本当は大学で好きな英語を勉強し、ずっと東京で働きたかった。だけどその思いまで伝えられなかった。東京にさえ行ければいいや、と思えてきて、結局、短大の国文学科へ。

「何がしたくてどんな将来を夢見ているのか。もうわからなくなっちゃっていました」

そんな会社、結婚してやめちゃえば

短大卒業を待ちきれないように、地元の就職情報を山ほど送りつけてきたのは母だ。

「夏休みに帰省したとき、私の希望や意志はいっさい聞かれないまま、母が就活スケジュールを作って待ち構えていました。今日はこの銀行、明日はこの保険会社へ、という具合。東京で就職するどころか、地元に戻ってくるのは当たり前だという状況。それに抗《あらが》ってまで東京に残る、と言える自信も力も私にはありませんでした」

男女雇用機会均等法が成立し、日本経済はバブル景気一色。故郷のまちも新卒者の就職は引く手あまただった。エリコさんは早々と地元金融機関の内々定をもらった。

「ところが突然母から、『あんたがこの会社の期待に応えられるとは思えないから断れ』と。わけがわかりませんでした。だけど母は『断れ』の一点張りで、『今すぐ、ここから担当者に電話をしろ』と。その場に父もいましたが、黙ってやりとりを聞いていただけ。当時の私は心理的に母の操り人形でしたから、言われるがままその場から担当者に電話しました。そのやりとりを母が隣で仁王立ちして聞きながら、メモ書きを次々に渡され、それを私が読んで相手に伝えるという……」

　母は、ブランド力があった別の企業に自分を入れたがっていたのだと、あとで聞いた。

「皆がうらやむ会社に娘が勤めていると、周囲に言いたかっただけ。その会社も受験しましたが、あっさり落っこちました」

　その後の就職試験は連敗。いよいよ待ったなし。ところが、その状況に参ったのはエリコさんではなく、またも母。

「母は、父から「なんで最初の内々定を断らせたんだ」とさんざん責められて精神的に参ってしまい、結局、神経症と診断されて通院する羽目に。そのおかげで私は就職活動どころか、母の通院介助や家事までしなければならなくなりました」

　就職が決まらず困っているのはエリコさんだったのに、いつのまにか家族の主役は病気の母に。親戚のつてを頼ってエリコさんが今の職場に滑り込んだのは卒業目前だった。

「そんな思いまでして今の職場に決まったのに、就職後、母から「そんな会社、結婚してすぐにやめちゃえばいいじゃない」と言われて、ほとほと脱力しました」

短大卒業後、再び実家に戻る以外の選択肢を、当時のエリコさんは持てなかった。父の不機嫌や母の過干渉は以前とまったく変わらず。一度母に、お父さんひどいね、と愚痴ったときの母の返事は、「殴られなかっただけよかったと思いなさい」だった。

「あんたが生まれたときに、私がお父さんに、子どもは殴らないでねって頼んだから殴られずに済んだのよ」と押しつけがましく。まるで自分に感謝しろと言わんばかりに。

二〇代は日々の業務をこなすだけで過ぎた。同世代が恋愛や結婚やキャリアアップに忙しいなか、自分だけが暗い場所に置いてけぼりされたような気持ちだった。

「ストレスに押しつぶされそうで、夜中にお菓子やパンを大量に食べてしまう。過食だけで吐かないから、どんどん太ってしまって。母はそれに気づきながら、何も言わない」

三二歳で摂食障害を発症した。職場でも精神的に追い詰められる場面が増えた。

「三〇歳過ぎて業務のハードルが上がって、つまずくことが増えました。相手と交渉するような場面で失敗してしまうのです。相手に合わせることで生きてきたから、自己主張が必要な局面でどうしていいかわからない。電話が怖くなり、話が終わったあとも受話器を持ったまま呆然とすくんでしまうことがしばしば。一応、職場へは通っていましたから、外から見たらわからなかったと思いますが、生きているのがやっとでした」

なぜこんなに苦しいのか。なぜ食べすぎてしまうのか。ひたすら本に救いを求めた。

「四二歳のときたまたま書店で、信田さよ子さんの『母が重くてたまらない　墓守娘の嘆き』を見つけました。読みだしたらページを繰る手が止まらなかった。事例のひとつひとつに、あ、これ私、それも私だ、と。その後、ラジオで信田さんの語りを直接耳にしました。「実の親がそこまで子どもを追い詰めますか？」と問われ、「ええ、ひどいですよ」と答えられるのを聞いて、この人になら話せる、と」

その後の展開は早かった。カウンセリングや自助グループに通い始め、四三歳で家を出た。それから一年もたたないうちに両親は家をたたみ、高齢者マンションへ転居した。

「たまたま近所にできたその物件を母が見て一目で気に入ったそう。すでに八〇歳を超えていた父は数年前にがんで大きな手術をしていたし、母も七三歳。介護や病気が心配だったのでしょう。詳しい経緯は知りません。私はもう自分のことで精いっぱいでしたから」

そのマンションで父が急変し、そのまま亡くなったという知らせを受けたとき、エリコさんは北陸のあるまちに転勤中だった。

「最初の知らせで、喪服を持ってくるように、と。お通夜の晩だったか、ふと母と二人きりになったとき、おなかの底から強い感情がこみ上げ、声を上げて泣きました。なぜ泣くの？と母に訊かれて初めて、それが怒りと悔しさからだとわかりました。この男に人生を損なわれた、という気持ちが湧き上がって、悔しくて悔しくて悔しくて……」

死の予感があったのでしょうか

ここ（高齢者マンション）で一人でやっていくよ、と母が自分から口にしたのは父を送ってすぐだ。高齢者が一人で安心して住めるマンションだと、エリコさん自身も感じていた。見守りや緊急時対応のサービスがあり、訪問介護をはじめ訪問看護や訪問医療とのネットワークもある。認知症になったり、医療的な介護が必要になったりしたら、住んでいる部屋の居住権を売ったお金で、同じ事業主が運営するそれぞれに対応した適切な施設に優先的に移ることもできるそう。

「そうしてもらうつもりです。その意味では安心しています。私には介護できないし、する気もありません。こういう物件が地元にあり、両親が自分たちの老後について早い時期に選択をしてくれて、本当によかったとつくづく思います」

高齢者マンションに感謝している点はほかにもある。

「あれほどどうしようもなかった父が、このマンションに入居してから少しだけいい変化を見せたことです」

予想もしていないことだった。入居するまでは、友人はおろか、挨拶以外の言葉を交わす人が一人もいなかった父が、マンションの食堂などでほかの入居者やその家族の姿に接して初めて、自分の家族のおかしさに気づいたのかも、とエリコさんは分析する。

「同世代の男性が妻や子にどう接しているか、生まれて初めて目の当たりにして、あれ？と思ったんじゃないでしょうか。父親が暴君さながらに妻と子を抑圧する、という意味では、父が育った家と築いた家は同じでしたから、それ以外の家族の形を知らなかったのかもしれません。高齢者マンションに入って初めて、世の中には自分が知らない家族の形があると気づいたのではないでしょうか。母でさえ、「入居してから、お父さん少し変わった」と言ってましたから」

亡くなる少し前には、さらに信じられない出来事がたて続けに起きた。まず、マンションの隣室に住んでいた人とのささやかな交流。

「車椅子を使われていた女性だったのですが、マンションのレストランで同じテーブルについたときに、その方にお醤油やソースなどをとってあげていた姿をたまたま目撃しました。びっくりです。父がそんなふうに他人に接する姿を見たのは人生初ですよ。おまけにその方がバレンタインデーに父に義理チョコまでくださると、父はホワイトデーを待つことなく、わざわざ自分でデパートに行って買ったお菓子を、お返ししたそうです。バレンタインデーは二月一四日、その六日後の二〇日に父は急死しましたから、この六日間のどこかでさし上げているんです！　死ぬ予感があったんでしょうか」

母からは、結婚して初めて誕生日のプレゼントをもらった、と聞いた。

「母いわく、突然、父が誕生日プレゼントをあげたいと言いだして、セーターやらハンドバッグを買ってくれたって。おまけに死ぬ数日前には「あんまり言わないけど、お母さんには感謝してるんだ」とまで言ったって」

エリコさんに対しても、その変化を感じさせる場面があった。

「亡くなる年のお正月、最後にマンションで会ったときに、「じゃ、帰るよ」と母に告げて立ち上がりかけたら、父が急に自分の部屋から出てきて、「お母さんが寂しがるから、また遊びに来てやって」と言ったんです。何度も言いますが、そんなこと初めて！　いまさらなに言ってやがる、と喉まで出かかりましたが、習慣で「はい」とだけ言って出ていこうとしたら、「下までは送らないけど」と玄関ドアまでついてきて、手を振って私を見送ったんです」

不思議ですね、とエリコさん。安心できる場（高齢者マンション）、家族以外の第三者、死の予感……、それらが全部揃ったとき、父の心に何が起きたのか。いまさら遅いし、変化というにはささやかすぎる出来事だけど、それでもないよりよかったと感じている。

この家の後始末を私がつけずにだれがつける

あれほど強烈だった母の過干渉も、ある小さな出来事を機に、はっきりとそのパワーが低下してきた。マンションのスタッフと母と三人でエレベーターを待っていたときのことだ。母が、スタッフに聞こえよがしに「あんたが乗ったらエレベーターが壊れちゃう」と過食に悩んでいたエリコさんを茶化すように言った言葉を、どうしても聞き流せなかった。

「私は怒りが収まらず、二人きりになるや、『さっきのあれ、どういう意味?』と母に詰め寄りました。母にあれほどはっきり怒りをあらわにしたのは人生で初めてだったと思います。そのことに母は驚いたのか、『おまえがそう感じたならわるかった』とすぐに謝りました。普通の母娘なら気にも留めないやりとりでしょう。でも、私たちにとっては、言いたい放題の母に従順に従う娘、というこれまでの関係の終わりを互いに認識するエポックになりました。それを機に母は、マンションに来いとは言わなくなりました。訪ねなくなってもう一年以上経ちます」

とはいえ、母とは数カ月に一度くらいは外食や温泉に出かけるし、つらかった過去の話をエリコさんのほうからして母を責めることもない。

「（母に対し）おまえなんかと話すことはひと言もない、と思っていた時期もありましたが、最近はそうでもないんですね。父がいなくなったからかな。なぜ謝罪を求めないのかと、自助グループの仲間に訊かれたこともありましたが、母に謝れと迫ったところで、これまでそうしてきたように、上手に言い訳して、自分を〝いい人〟みたいに語るでしょう。そのことで私自身が再び傷つくことがわかっているから言わないのです」

この先、予想される母の介護については、高齢者マンションに付帯するサービスに任せる、と母自身が決めているので心配はしていない。

「母亡きあとの手続きは私がしますし、そうすることに葛藤はありません。こんな家庭で育ちながら、自分はこの家の最後の人間、という自覚が心のどこかにあるんでしょうか。この後始末を私がつけずにだれがつける、とも。不思議ですね」

墓も高齢者マンション同様、両親が父の生前に買っていた。

「コインロッカーみたいなお墓です。そこに三つ骨壺を入れられる空間があるから、最後はそこに自分が入ってもいいと思っています。いえ……、ちょっと違いますね。正確に言うと、入っていいとも入らないとも思っていない。入ったとしても、それから一〇年くらい放置されたら、全員のお骨が共同墓に移され、ロッカーは空っぽになっておしまいだそうです。だから、どこに入っても同じじゃないかって今は思っているんだと思います」

父亡きあと、母とその墓に手を合わせに行くこともあった。

「いろいろ思うかなーって想像していたんですが、何もこみ上げてきませんでした。考えてみたら、父の死で感情的になったのは、母に「なんで泣いてるの？」と訊かれて号泣したあのときだけ。理由はとうとう言いませんでした。言ったところで受けとめてもらえなかっただろうし、そもそも「なんで泣いてるの？」と鈍感に尋ねてくる母に、こんなやつに知られてなるものか、絶対に教えてやらない、と心底思ったからです。それでも母の前で号泣したことは、自分にとってカタルシスになりました。この涙は悲しさや寂しさじゃない、人生をこの男に損なわれた怒りなんだとはっきりと自分でわかったから」

本当の気持ちは言わずに終わろう

豊かな言葉と表現力で記憶と感情をありありと描写してきてくれたエリコさんが、たった一度だけ言葉を詰まらせ、目に涙を浮かべる場面があった。ようやく自由になった人生のこの先は、と尋ねたときだ。

「うーん……。親との過去を語るより、未来を問われることのほうがつらいです。東京の短大に行っていた二〇歳のころに思い描いた五〇歳の未来予想図とは、かけ離れた現実のなかにいるから。子どものころからあんなに頑張ってきたのに、したかった仕事にも就けず、結婚もせず、子どもも持てなかった。欲しかったものはなにひとつ手にできなかったと思うと、悔しさと悲しさしかこみ上げてこなくて。今からでも遅くない、頑張ってみよう、と思いたいけど、何からどう手をつけていいかわからない。頑張ってみたところで失われたものが大きすぎて取り戻せない……」

振り絞るような口調で、一生赦せないでしょう、とつぶやいて顔を上げた。

「だからと言って、今の母を責めようとは思わないし、私の場合はそうすることに意味があるとも思えない。過去の罪状をあげつらって、八〇歳を超えて弱った母がどんな反応を示したところで、その姿を見て自分がどんな気持ちになるかと想像すれば、少しもスッキリしないでしょう」

それにね、と意外なエピソードを教えてくれた。

「母が謝れば、スッキリするかといえばそれも違う。というのも、あまりにも自分のなかに何も残さなかったから忘れていたんですが、こないだ一緒に温泉に行ったときに、謝られたんです、昔話のついでみたいに。母はわるい記憶はすべて父のせいにして、「お父さんがひどい人だったから昔は地獄だったけど、今はお金も時間も自由に使えるし、気楽なひとり暮らしになって私は本当に幸せだわ」と言ったんです。心の中で、はい、はい、はい……、と聞き流していたら、「エリちゃんにもつらい思いさせてわるかったと思ってるの」と言いだしたんです。ヒョエー、です。びっくりですよ。でも、母のことだから、そんなふうにさらっと口にしつつも、こっちの顔色をうかがっているのがわかったので、「私はとっくにカウンセリングに行ったり、(自助)グループに通ったりして、いろいろ整理してきましたから」とひと言だけ返しました」

わるかった、という言葉に、いいよ、とは絶対に言いたくなかったし、言うべきでないと思ったから。この怒りと悔しさは一生消えないし、赦さないから。

「そう言えてよかったなって思いました。自分を裏切らない最善の答えだった。自分の答えに満足しています」

こんな調子の母に、この先、万が一にも同居しよう、と言われても決意は変わらない。

「赦せない気持ちを抱いたまま、母と向き合いつづけることはできません。お金や公的支援などを使って、なにがなんでも避けるでしょう。一対一で本気で向き合ったら、危険な状況になってしまうのは目に見えているから。それを避けるためにもなんとか〝本当の気持ち〟にはふれないまま関係を終わらせたい。本当のことを口にしないことで、静かな別れを迎えられるかもしれない、と思っているんです」

ストーリー2

母の介護はできない。
母亡きあとの手続きはすべて
弁護士に任せます。

ユカリさん〔四四歳〕

「幸福な家庭はどれも似たものだが、不幸な家庭はそれぞれに不幸なものである」

ロシアの文豪トルストイの名言を、このインタヴューの間に何度かみしめたかわからない。正確に言えば、「幸福な母娘はどれも似たものだが、不幸な母娘はそれぞれに不幸なものである」とアレンジして。親子、家族の姿を一瞥して「幸せそう」「仲がよさそう」とほめそやす世間の目ほどあてにならないものはない。むしろ、周囲にそう感じさせる関係は、問題がないことをアピールしなければならないほどの嘘や歪みを抱え込んでいるかもしれないのに。

「なぜ母との関係があんなに苦しかったのか。理由が過干渉だったとわかった一〇年ほど前までは、だれからも、仲のよさそうな幸せな母娘と見られていたと思います」

淡々と振り返るユカリさん（四四歳）は、実家から徒歩一五分ほどの住まいで夫と二人暮らしをしながら、非正規で事務の仕事に就いている。子どもはいない。

三〇歳で結婚した際、母に望まれるまま〝スープの冷めない〟距離に新居を見つけ、一〇年ほど前までは、毎月欠かさず自分たち夫婦と両親の四人で外食に出かけ、年末年始は四人そろって南国のリゾートホテルで過ごすのが毎年の恒例だった。世間的にはさぞ〝仲よし一家〟に見えただろう。

今、ある難病と診断され、医療的な介護つき施設で療養する母（七二歳）と、実家でひとり暮らしの父（七二歳）とは、数年前から会うこともない。その一方で、ユカリさんはかつてないほどの心の自由を感じ、ようやく実感した〝自分の人生〟へと踏み出した。

何をどう感ずるかまで、母が決めた

「三人家族でしたが、いつも母と二人きり。子ども時代の記憶をどんなに探っても父が出てきません。物理的にも精神的にも父は不在の人でした」

昔気質の職人文化や家並みが残る東京都下のまちで、自営業の父と専業主婦の母の一人娘として生まれた。両親はともにそのまちで生まれ育ち、同じ中学の同級生として出会ったそう。その二人がのちに結婚したと聞けば、なんてロマンチックな、とつぶやきたくもなるけれど……。

「ロマンチックどころか、常に不在だった父が自分のなかで初めてクローズアップされたのは、父が浮気をしたときでした。私が中学と高校のころ、それぞれ別の相手と。子ども心にはっきりわかりました。ふだんから父の気持ちは家族になかったうえに、さらに遠ざかった感がありましたから。なんというか、ちょっと浮かれていたんですよ。それまで日曜日は、心こそ家になくても、体だけは家に置いていたのに、女性とつきあっていた時期の休日は必ずどこかにいそいそと出かけたりして。敏感な母はもちろん、どちらのときもすぐに気づいて、父と顔を合わせるたびに言い争っていましたが、父は頑として認めない。母のいらだちと怒りのはけ口は私でした。毎日のように母のグチを聞かされながら、もちろん父への嫌悪感でいっぱいなんですが、心のどこかで、お母さんがこうだからお父さんがああなっちゃうのも仕方ない、と感じてもいました」

結局、両親は別れなかった。母は、虚しい結婚を続けることより、夫に浮気されたあげく離婚した妻という汚名のほうが耐え難かったのだろう。

母親は、幼いころのユカリさんにとって神のように絶対的な存在だった。

「私が何をどう感ずるかにまで口をはさんでくる。いつも、まず私の感情を否定し、母親流の〝正しい〟感じ方を押しつけることから始まるんです。私がどんなに危うい心理状態に陥っても、その感情を肯定されたり、寄り添ってもらったりした記憶がありません。専業主婦だった母がどんな根拠でそう信じていたのかわかりませんが、周囲の凡庸な人間とは違って自分（母自身）はスペシャルな存在と考えていたようで、私が学校でいじめられても、「あなたは、そんな優秀な私の娘なんだから、下々のやっかみなど気にかけるな」と言わんばかり。慰めやいたわりはいっさいなくて、いちいち気にする私の態度が情けない、気弱なおまえがわるいと責められている気がしました」

娘にだけは、まるでタガが外れたように浴びせた母のうぬぼれの根っこには、何があったのだろう。

「子どものころから勉強だけはできたようで、実際、その年齢では珍しく大卒です。父は、職人の家系で自営を継ぐためなのか、高卒。そんな父への優越感の一方で、母はもともと精神的に脆弱《ぜいじゃく》なところがあったようで、パニック障害やうつ状態にしばしば見舞われていました。本当はいろいろ自信がない人だから、父とも一時の気の迷いでなんとなく結婚しちゃったんだと思います。『私はもっといろいろなことができた』が口癖。だからもう、この人の言うことは絶対に正しい、すごい人なんだ、この人を支えられるのは私しかいない、と心から信じていました」。

あの言葉は呪いだった、とはっきり思い当たるのは、母方の祖母の葬式で小学二年生だったユカリさんに浴びせられた言葉。

「周囲の状況がよくわからず、つい母に『ジュース飲みたい』と小さなわがままを言ったとき、周りに大勢の人がいるにもかかわらず、『おばあちゃん亡くなったのよ！』とものすごい剣幕でどなられました。そして、『なんであんたはそんなに冷たいの！』と。ショックで声も涙も出ませんでした。自分は人としてダメだ、冷酷な人間なんだと〝神〟とダメな自分。小さな世界に二人きり……。

「そのころからどこでだれと何をしていても、母が今どうしているか、機嫌はどうかばかり気になって、自分に集中することができなくなりました」

三〇代も半ばを過ぎて、〝母から自分を引きはがす〟まで呪いは解けなかった。

本当は何をしていたの！

夢らしい夢も持てなかった子ども時代のユカリさんが、母に訴えた唯一の願いは、宝塚音楽学校の受験だった。

「宝塚に夢中になったのは中学に入ってすぐ。父の仕事関係者からいただいたチケットで母と初めて公演を観に行き、二人そろってあっという間にハマってしまいました。東京公演だけでなく、ときには泊まりがけで宝塚の劇場へしばしば一緒に足を運んだほど。ほかにこれといって興味を持てなかった私が、唯一夢中になれた世界でした」

スラリとした長身で踊りや歌も得意だったユカリさんが、宝塚スターを目指そうと思ったのはごく自然な成り行きだった。ここから飛び出して夢のようなあの世界に行けたらどんなにいいだろう！

「中学三年生のとき、宝塚音楽学校を受験させてほしい、落ちたらあきらめられるから、という私の申し出に、母はまったく耳を貸そうとはしませんでした。頑として、「ノー」のひと言。理由も言わず、記念受験さえ頭ごなしにダメ、ムリ、と繰り返すだけ。二人してあれほど憧れてきた世界をただただ否定される。今になって振り返れば、娘が、万が一にも自分より華やかな世界に行ってしまうかもしれないことへの嫉妬や、（娘に置いてけぼりにされる）不安からだったと想像できますが、当時の私にはわけがわかりませんでした」

多くの大人は芸の道の厳しさが想像できるから、宝塚スターを夢見る一五歳の肩を即座に押してあげられる親のほうが少ないかもしれない。でも、ユカリさんの母の場合は、訴えに耳を傾けようとさえせず、話し合いも拒否し、ひと言のフォローもなく、まるで目の前でシャッターをガラガラと下ろすように娘の夢と希望を断ち切った。

「無理やりあきらめるよりほかありませんでした。仕方なく地元の普通高校に進学し、その後なんとなく大学に進学しましたが、二〇歳過ぎてもふと、『私はなぜここにいるんだろう』ともの思いに深く沈んでしまうほど気持ちを引きずりました」

そのころにいたっても、母の過干渉は弱まるどころかますますパワーアップしていた。

「彼氏ができても、デートして帰宅すると母が玄関で待ち構えるようにして、今日はどこに行って何をしたか、根掘り葉掘り尋問のように聞いてくるのです。うそをつくと不思議とバレてしまう。映画を観た帰りに喫茶店でお茶飲んできた、みたいなことを適当に言うと、「そんなはずない。本当は何をしていたの！」と取調室の刑事さながら。語気強く迫られると、私も逃げられないような、本当のことを言わなきゃいけないみたいな心境に追い詰められて、何もかも白状してしまう。母は、私がもっとも聞きたくない、父との性関係についてもグチを垂れ流すほど、私に対してタカをくっていましたから、娘のそういう話も平気で詮索してくる。信じられないかもしれませんが本当です。反発することも、逃げることもできない。母にネガティブな感情を持つことさえ、無意識に自分に禁じていました。完全に洗脳されていたんですね」

もう心に蓋をしたまま生きられない

二〇代半ばには、対人関係に行き詰まるようになった。

「人とうまく関係が築けないのです。職場の同僚や上司はもちろん、比較的気が合う人たちとも。子どものころからの不潔恐怖がひどくなったり、パニック発作をしばしば起こしたりするようになって、心療内科を初めて受診しました。でも、なぜそうなるのかには手をつけられないまま、対症療法的な薬をもらっただけ」

三〇歳で恋愛結婚した優しい夫を、母がすんなり受け入れたのは、娘夫婦との近居を望む母の言い分を、温厚な夫が受け入れてくれたから。

「優しい夫だから、母はこの先、私たち夫婦二人セットで支配できると考えたんじゃないでしょうか」

母は、ユカリさんの夫に婿養子に入れとも、後継のいない夫の稼業を継いでほしいとも言わなかった。

「母は父だけでなく、父の背景をことごとく軽視していました。そのせいで父方の親戚一同とも折り合いがわるかったので、一人娘の私にも、その夫にも稼業は絶対継がせない、と思っていたのでしょう。すべてを自分の一存で決める女王のような振る舞いです。そんな母に、父は何も言えない。自分は浮気もしたし、娘のことわからないし、みたいな感じだったと思います」

それでも、表面的な凪は六〜七年続いた。両親と娘夫婦は四人揃って外食に出かけ、年末年始は全員で過ごすのが恒例だった。いいご家族、仲がいいのね、という周囲の声と、心に沈殿した憂鬱との落差を感じ、ユカリさんはますます気持ちが沈んだ。

「そんなあるとき、また宝塚に行きましょう、と母に誘われて、いやだな、と感じたのです。そう感じたのは初めて。でも、なぜそう感じるのかわからない。ちょうど同じころ、書店でたまたま『母が重くてたまらない』を手にとりました。それを見た瞬間にもう、あ、私、これだ、と。そのときに初めて母と私の関係がなんだったのか、気づかされたのです」

本に書かれた〝墓守娘〟は自分だ、と思う一方で、ショックもあった。私はお母さんのこと、こんなふうに感じていたの？　賢くて、立派で、なんでもできる尊敬できる人だと思ってきたのに、まさか……。

「母への嫌悪感や怒りがこみ上げると同時に、罪悪感や自責感もわーっと噴き出してしまって。身体的な暴力やネグレクト（育児放棄）のような虐待なら、自分でも虐待と認識しやすいのでしょうが、私の場合はそういうのまったくなくて、ただひたすら過干渉でしたから。だけど、ひとたびわかっちゃってからは、もう心に蓋をして生きていくことができなくなりました」

自助グループに通って、似たような過去に苦しむ仲間に出会いながら、自分のなかで母の位置が急速に変わっていくのを感じた。愛や献身と思わされてきたことは、過干渉という支配ではなかったのか。幼いころからの〝洗脳〟にようやくヒビが入り始めた。三〇代も半ばを過ぎたころだ。

「まず、母からの外食の誘いを少しずつ断りました。最初は三回に一回、次に二回に一回というふうに。母に逆らったことのない私には、それだけでも大変なことでした。さらに、年末年始の家族旅行を「行けない」と断りました。当然、すごい勢いで問い詰められるとわかっていましたから、夫とスキーに行くから、と。家族旅行はいつも南のリゾートでしたから、言い訳は逆のイメージにしたんです。あれが母に言えた、初めてのノーでした」

そのうちに母と一緒のテーブルについたり、隣に座られたり、会話中にぽんと肩を叩かれたりするようなことにもストレスを感ずるようになった。

「接触そのものが気持ち悪くなってしまって。一人娘ですから、小さいころから親の老後は自分が看るとなんとなく意識して、というか、意識させられてきましたが、母の体にさわれなくなったそのころから、あ、私もう、この人の介護はできない、と」

母娘なのに、なんで来ないんだ！

母の体調不良を知ったのは、それから間もなくだ。すでに母からの電話は着信拒否、最低限の連絡はメールで済ませるようになっていた。

「最後に受け取ったメールは、通院に付き添わないことをとがめる内容でした。『今日の病院はたまたまお父さんがいたからよかったけど、こういうときにあなたが付き添ってくれなくてどうするの！」と、相変わらず叱責口調の文面に、「私も体調がわるいし、都合もあります。いつも必ず駆けつけられるわけではありません」と返信しました。けっこう勇気がいりました。人生二度目のノーを言うくらいのエネルギーを振り絞ったと思います。最後に母から「わかりました」とキレぎみのひと言が届き、それが私と母の最後のやりとりになりました」

その後、母はある難病と診断されて入院。急速に症状が悪化していった。その情報を逐次メールで伝えてきた父が、距離を取りつづけようとするユカリさんの前に、ここにきて〝母娘〟や〝家族〟を掲げて現れた。

「家族じゃないか。なんで病院に来ないんだ、母娘だろ、と。実際に殴られはしませんでしたが、殴られるんじゃないかととっさに身構えたほどの勢いで。私の言い分をはなから無視した問答無用の口調に、あ、この人もやっぱりダメだと思いました」

その後も一方的に説得しようとする父から、一度などはマンション前で待ち伏せされたこともあったが、夫に間に入ってもらい、トラブルを避けた。

「その意味では夫にすごく助けられています。彼には、これまでの経緯も全部聞いてもらい、そのうえで味方になると言ってもらえましたから」

父にはその後、手紙を書き送った。

「深いことを書いてもどうせわかってはもらえませんから、「私自身も精神的な不調が続いている。母に会うのはショックが大きすぎると、主治医にも止められている」とだけ。それ以来、父からの連絡はなくなりました」

病状が進んだ母は自分の口から食べることができなくなり、すでに胃ろう（胃に直接、栄養を入れる栄養投与の方法）をつけた状態で、医療的なケアつき施設で療養中という。

「両親に経済的な不安がなかったことは、私にとって不幸中の幸いでした。多少お金がかかっても、父は母を適切な施設に託せましたし、その費用を私が心配しなくてすみましたから」

自分が生き残るために介護から逃げて

母がこの先、看取り期にいたったら、事情を知らない人からの無神経な言葉や対応を避けることを含め、母の最期に予想される一切のプロセスから心を守るため、緊急避難的に入院しようと決めている。すでに診察を済ませたうえで、ある医療機関に予約もした。

「パニック発作など具体的な症状として現れていることだけでなく、生育歴や母娘関係などをドクターに話して入院の希望を伝えたら、「それはもう死に目にも会いたくないですよね」と入院の希望をすんなり受け入れてもらい、あー、よかった！　って。その安心感はとても大きいです」

　母が入院してまだ日が浅いころは、罪悪感や自責感が強くて、やっぱり会いに行かなきゃ、行くべきだ、と考え込むこともしばしばだったそう。

「だからといって一回でも病院に顔を出して母の姿を見たら、また自責や葛藤が始まってしまったかもしれません。それと、母を看てくださっている人たちに、娘なんだから（母を見守るように）とからめとられてしまうかもしれないとも思ったので、踏みとどまりました。カウンセリングや自助グループへの参加も継続し、家族関係や自分の感情をさらに言葉で整理できるようになると、ああ、やっぱりいいよな、会わないままでいいよ、と自分で納得がいくようになりました」

　母亡きあとの法的な手続きは、すべて弁護士に任せるつもりだ。

「父は、私のその決意を弁護士さんか第三者から聞くことになるでしょう。なぜそうしたかを説明したいともわかってほしいとも思いません。謝ってほしいという気持ちもありません。それは母に対しても同じです。どれだけ言葉を尽くしたところで、彼らには受け入れられないと、自分の中で納得できてしまったからです」

　その先に予想される父の介護にもかかわらないと決めている。

「母には一応、父という家族がいましたが、父のときにはだれもいません。関係を絶っていても、行政の担当者や介護・医療関係の人に「娘さんがいるじゃないか」と探し出されてしまうかもしれません。もしそうなったら、その人たちに過去の経緯や私の意思を率直に伝え、最低限のかかわりで済ませようと思っています。そのときも、自分の側についてくれるカウンセラー、自助グループ仲間、弁護士、行政書士などいろいろな人の力を借りながら」

今、迷わずそう語れる自分に満足している。

「自分のことを、ここまでよく頑張ったなー、と思います。頑張れたのは、いろいろな人の助けを借りられたから。もし私と同じような問題を抱えたまま親の介護に直面し、苦しんでいる人がいたら、あらゆる社会資源、許す限りのお金を使って、「介護から逃げて」と言いたいです。自分の人生を失わないために」

これからは、これが私の人生、と言える時間を少しずつ重ねていくつもりだ。

「子どものころから、自分で決めることを奪われてきた私が、こんなに大きな決断ができた。〝決められた〟ということを、自助グループの仲間に聞いてもらうと、本当にこれでよかったんだと、自分自身をさらに肯定的に見られます。心の重荷がひとつずつ減って、その分、これからは自分のしたいことができる気もしています。本当に好きなこと、したかったことはなんだろう、と考えること自体が楽しみ。今はまだ具体的なプランはないですが、これまで親にたくさんのことを取り上げられ、可能性を否定されてきた分も、この先は自分がしたいことはなんでも自分に挑戦させてあげたい。そういう人生をこれからは送っていきたいです」

晴れやかな口調できっぱりと言い切った。

ストーリー3

両親のやまない依存症により
家族解散の道を選んだ。
この先、両親を看るつもりはない。
アユミさん［四八歳］

苦しいことばかりだった母娘関係の果てに、家族解散という道を選んだ人もいる。

だれもがその名を知る大手企業の研究部門で専門職として働くアユミさん（四八歳）。イギリスの大学院修了後、日本の大学院で博士号を取得し、二〇代の終わりに現在の職場に正規採用された。同じころに六歳年上の夫と恋愛結婚し、現在は高校生の息子二人の母親でもある。まるでドラマにでも描かれそうな輝かしいプロフィールを持ちながら、一歩バランスを崩せば家族もろとも暗い谷底に突き落とされそうな内実を抱えて生きてきた。

エリートサラリーマンだった父はギャンブル依存症、母はアルコール依存症。

「小さなころから怒声と暴力が絶えない家でした」

二〇代初めに最初の〝家族解散〟

両親と六歳下の妹、母方の祖母の五人家族で育った。一家はアユミさんの小学生時代、商社マンだった父の仕事に伴ってロンドンに滞在、いったん帰国した十数年後に、今度は父ひとりでシカゴに赴任した。アユミさんの口から真っ先に語られた家族の物語は、そのシカゴ行き直前に起きたエピソードだ。

「私はイギリスの大学院へ、妹は県外の大学への進学が決まった時期でした。二人の娘が自宅を離れるというので、両親は当初、二人でシカゴに行く予定でした。すると母が、それまで長年同居してきた祖母に、「もう暮らせない」と決別宣言をして家から追い出し、一〇年以上可愛がってきた飼い犬を殺した（殺処分した）んです。学校から帰ってきたらいなくなってて、母に〇〇（愛犬の名）はどうしたの？　と聞いたら、もういない、この家にはだれもいなくなって飼える人もいないから、と平然と。泣いて、泣いて、泣いて……。四半世紀経った今も、思い出すたび胸が苦しくなります」

結局、母は赴任に伴わなかった。あのときの一連の出来事を、今も自分の育った家族を象徴するシーンのように思い出す。そして「あのときが、最初の〝家族解散〟だったのかもしれません」と。

家庭のなかでただ一人、自分を可愛がってくれていた祖母と母の冷ややかな関係に気づいたのは中学生のころだったろうか。

「それまで一緒に食事をしてきた祖母が、別々に食べるようになったんです。祖母が自室の小さなホットプレートみたいなもので、自分の分だけ調理して食べていた姿を覚えています。母の料理が気に入らず、味つけがわるいとか、ごはんがかたいなどといつも文句を言っていたので、仕方ないのかなー、と感じていました」

「母に愛される」ことをあきらめた母

そもそも母はなぜ祖母と同居し、なぜ追い出したのか。それを知ることは、自分の育った家族が解散にいたった理由を納得するうえで必要だったとアユミさんは言う。

「母は、子どものころ、祖母からひどい暴力を受けて育ったと言っていました。祖父は、祖母のおなかに母がいたときに出征し、戦死しました。二〇代でシングルマザーになった祖母は、父方の実家の一角に住まわせてもらっていたそうですが、夫を戦地で失った悲しみや生活苦に加え、周囲の人にいじめられたストレスのはけ口を、子どもだった母に向けたのでしょう。その後も祖母は独身を通したとはいえ、派手な不倫騒ぎを何度か起こしたりしたそうです。母はそんなダメ母（祖母）のもとで高校にも満足に行かせてもらえず、結局、中退しています。じゃあ、なぜ母が、結婚してようやく離れられた祖母を引き取って同居したかといえば、そうすることでいつか〝母に愛されたかった〟からだったんじゃないでしょうか。まぁ、祖母も祖母で、娘（母）が結婚したときはまだ五〇代の若さだったのに、娘の結婚から一カ月後には家財道具一切を持って娘の新居に押しかけたくらいですから、娘が自分の面倒をみるのは当然と思っていたのでしょう。英語ができないのはもちろん、海外に行ったことさえなかったのに、祖母は娘一家の三年に及んだロンドン赴任にもついてきましたから」

その祖母が七六歳になってアユミさん家族のもとを去った。長年にわたる母娘の不仲を決定的にし、母が祖母に最後通告を突きつける直接のきっかけになったのは、いつもの口喧嘩から祖母が最終的に母に放ったひと言だ。

「祖母が母に向かって、私は鬼になってやる！と捨て台詞を叫んだそうです。小さいころから祖母にいじめられて育った母には、もうこれまでだ、と思う言葉だったのでしょう」

ついに〝母に愛される〟ことをあきらめた五〇歳の娘（母）から母（祖母）への最後通告は「これ以上、おばあちゃんと一緒に暮らすのは無理。出てって」だった。

「祖母は母を二六歳で産んだそうですから、ちょうど半世紀後に娘に捨てられたんですね」

その後、アルコールに救いを求めるようになった母もまた……。

父の家庭内暴力とギャンブル狂い

妻とその母の愛憎劇に、そうでなくても仕事に翻弄されていた商社マンの父が、何かよい働きかけをしてくれるはずもなかった。

「それどころか、家族にとっては最悪の人。私がもっともつらかったのは、家庭内暴力でした。自分が大事にされない、という理由で母としょっちゅう派手な夫婦喧嘩をしていました。私は、今の言葉で言えば面前DVを日常的に受けていただけでなく、近くにいようものなら、イライラをぶつけるかのように、父は私にまで難癖をつけてきました。たとえば食事中に、お替わり持ってこい、と命じられて私が断ったり、食べているものをうっかりこぼしたり落としたりすると、いきなりバーンって殴りつけてくる。あ、今、思い出しましたが、「トイレットペーパーを使いすぎだ」とすんごい剣幕でどなられたことも。子どものころは、家に父がいると怖くて常にビクビクしていました」

そんな父の様子を母は、見て見ぬふりだった。

「私が理不尽にどなられたり殴られたりしているのを見ても、守ってくれたことはありません。不思議なほどそのまま放置されていました。母自身、祖母から受けた暴力はそんなもんじゃなかったという感覚があって、異常さを異常だと感じられなかったのでしょう」

家族を苦しめた父のもうひとつの悪癖はギャンブルへの傾倒だ。

「小さいころは、わけもわからず母に連れられて家出するのが日常茶飯でした。当時から父は賭け麻雀などさまざまなギャンブルで百万単位の借金があり、母が父方の実家に「借金癖に耐えられないから離婚する」とどなり込んだら、祖母（父の母）に「自分が補填するから耐えてくれ」と頭を下げられ、離婚を回避するようなこともあったそうです。私を置いて母一人でプイと家出してしまったこともありました。どこに行っちゃったのかわからなくてすごく心細かったけど、家事なんかは祖母がしてくれたから、なんとか耐えられたのだと思います」

父のギャンブル熱はやがて株、債権、ゴルフ会員権、不動産など大きな金額を投資するものへと広がっていった。

「会社員としてはそこそこ高所得だったことが、逆に父のギャンブル依存を加速させたと思います。バブル期になると、お金貸します、株やゴルフ権を買いませんか、と多方面から声をかけられ、ほいほい乗ってしまう。三百万円で買ったゴルフ権がバブル崩壊後に実質ゼロ価値になった話を母から聞きました。バブル期に投入して失った分だけで総額一千万円くらいにはなると」

少しでも財布に余裕があると、父は母に相談することもなく投資話にお金をつぎ込んだ。

「そんな父に、母はよく、子どもにお金がかかるのよ、とまるで私や妹がわるいみたいにどなっていました。両親のそういういさかいを聞きながら、この家はどうなっちゃうの、という不安が子どものころから頭を離れませんでした」

成績優秀、それだけが不幸中の幸い

そのころにはもう、母の大量飲酒も始まっていた。

「私が中学生くらいのときには、かなり飲んでいたと思います。海外出張の多かった父が空港の免税店で買ってきた洋酒なんかを、隠れ飲みしていました。最初は気づきませんでしたが、学校から帰るとお酒のにおいをぷんぷんさせてたこともしばしば」

母が飲むのは、もっぱら自宅。いわゆるキッチンドリンカーで、多いときには一晩で日本酒の一升瓶を開けてしまうことも。

「その状況に父も祖母も無関心でした。アルコールは気晴らしのために必要で、問題だなんてだれも思ってなかったんでしょう。だから私も母にならって、大きな声では言えませんが、中学生くらいから飲んでいました。中学卒業式の晩は、友達を家に呼んで初めてブラックアウト（過剰なアルコール摂取で一時的に意識を失ったり記憶喪失に陥ったりすること）したほど。それなのに母は、私の飲酒を咎《とが》めませんでした。ヘンでしょう？　自分も飲んでいたからだと思います」

そんな環境でもアユミさんは、学校の成績で高い結果を出しつづけられた。

「好きな教科だけですけどね。英語とか現国とか古文など言語系の科目です。結局、その分野で留学もし、博士号も取りました。母も、私が勉強していればさすがに何も言わなかったし、大学もあまり苦労せずに合格できましたから、そこだけは自分の素質と親の希望が一致してよかったです。合わなければ、もっと地獄だったかも。そこだけは不幸中の幸いでした」

そして冒頭のように、その後、アユミさんは日本の有名私大から大学院修士課程を経てイギリスの大学院へ。帰国後に就職、結婚、第一子の出産と怒濤の二〇代を過ごし、三〇代初めには二世帯住宅まで購入していた。

「同居は両親に望まれ、結局、両親と私たち夫婦が資金をぴったり半々ずつ出し合って中古物件を買いました。私が同居を選んだ理由はただひとつ。母が、孫の面倒を見る、と言ったからです。仕事を続けていくためにそのときは選択せざるを得ませんでした」

お母さんはアルコール依存症だよ

両親が協議離婚したのは、それから数年後だ。

「形だけのペーパー離婚をする、と言われました。父のギャンブル依存がいよいよひどくなり、このまま突き進んだら、父は家を買うにあたって自分の持ち分として金融機関から借りたお金も返せず、家を取られてしまう状況にまで追い詰められたからです。シカゴ勤務時代はそこそこの高給に加え、赴任手当だとかで貯金もできていたようでしたが、そのころには投資や株でそのほとんどを失い、せめて残った財産を守るためにペーパー離婚すると。するなら本当に別居すればいいのに、それは母が反対したそうです。「離婚した女に見られるのが耐えられない」と話すのを聞いて、あきれました」

父のギャンブル熱に比例するように、母の酒量はますます増えていった。

「お母さんはアルコール依存症だ、とまず父が騒ぎ始めました。笑っちゃいますね。自分のギャンブル依存は棚に上げたまま」

母は近所中に響くような奇声や大声を上げることさえあった。

「酒量が半端ないことにも気づいていました。二世帯住宅だから、わかっちゃうんです。どれほどすごかったかというと、夕飯のときに一人でワインを一本あけたあとに、焼酎に切り替えて、夜中までがぶ飲み。とくにそば焼酎が好きで、飲みすぎて、おそばも食べていないのにそばアレルギーになったほどです。ほとほとあきれました」

アユミさんは、〝飲酒問題を抱えた人の家族〟としてカウンセリングに赴いた。

「この両親のせいで自分が心にどんなに傷を負ってきたかということより、とにかく母をカウンセリングにつなげたい一心。ギャン中（ギャンブル依存症）と暴力でさんざん家族を苦しめた父から守ってあげなきゃとも、当時はまだ思っていました」

が、アユミさんの願い虚しく、母はその後、二回カウンセリングを受けただけで〝時間の無駄〟とやめてしまった。そしてついに決定的な場面を迎えることに……。

「中古で買った二世帯住宅の老朽化が激しくなったため、建て替え計画を進めていた最中でした。いよいよ工事が始まる直前、その晩も飲んでいた母が、突然夜中に外に飛び出して、叫び始めたんです。何を言ってるのかわからないけど、一〇〇メートル先からも聞こえそうな、まるでオペラ歌手みたいな、どこからそんな声が出るの、というくらいの大声で。どんなになだめても収まらない。近所の人が警察を、私が救急車を呼びました。このまま精神科病棟に緊急入院させられても仕方ない、と覚悟して。ところが、救急隊の人に、この時間は精神科の救急は受けつけてくれるところがない、明日、受診しなさいって言われて搬送は見送り。母は母で、駆けつけた警察官の前に正座し、私と父の悪口をわめき散らしてる。本当に修羅場でした」

翌日、アユミさんは母の顔を見ないまま海外出張へ。二週間後に帰国し、母にアルコール依存症の関連本を手渡しながら、「お母さんはアルコール依存症だよ。恥ずかしいことじゃないから、一緒に治療しよう」と淡々と伝えた。

数日後、渡した本のあちこちにラインを引き、それをアユミさんに示しながら「コレもソレも自分には当てはまらない。だから私はアルコール依存症なんかじゃない」と言い募る母に、なおも「治療するなら支えるけど、自分の病気を認められないなら、もう一緒には暮らせません」と畳みかけた言葉に返ってきた答えは、「それなら別れよう、この家を売れ」だった。

そのやりとりを父に伝えて返ってきたのは、ただひと言「親子喧嘩はやめなさい」。

「親子喧嘩じゃないでしょう！　何を他人事みたく言ってんの！」怒りと絶望と悔しさが一気にこみ上げて、ほとんど泣き叫んでいました。もうこの人ともやっていけない、終わりだ、と心底わかったのです」

父の暴力の被害者で、妹をいじめた加害者

父はいいタイミングで、ホンネを言ってくれたと今、振り返る。

「あの場面で共感や協力を示すような言葉を言われていたら、どうなったか。素のセリフを言ってくれたおかげで、私は迷わず両親と別居する決心ができたと思います」

家族解散のプロセスは粛々と進んだ。アユミさんの夫が家を気に入っていたことから、最終的に家は売らず、アユミさん夫婦が、両親から彼らの持ち分を買い取って住みつづけることに。一方、家を出る決意をした両親は今度こそ本当に離婚し、それぞれの人生を歩み始めることになった。

「父はその後しばらく一人で近くのアパートに住んでいましたが、数年後に七〇歳を超えて、なんと再婚しました。シニア向け結婚相談所で知り合った二〇歳くらい年下の人と。それを聞いたとき、あの人は自分がだれかと夫婦や家族としてかかわることに、なーんにも懲りてないんだ、とほとほとわかりました。自分の問題にまったく自覚がないし、そもそも家族がこういう事態にいたったことになんの痛みも感じてない。というのも、母のアルコール依存症がはっきりしたとき、父にも「あなたはギャンブル依存症です。これまでのあなたの人生でうまくいかなかったときは、すべて賭けの負けや借金が関係しているでしょう」と話しましたが、馬耳東風。私にそう直言されたことさえ一瞬で忘れている様子でした。自分の家族がなぜ解散したかについても、「〇〇（母の名）の性格がわるかったから」のひと言でした。それ以上、何を言っても無駄ですよね」

母は、家の持ち分の買い取り金としてアユミさん夫婦から支払われたお金で、電車で一時間ほどのまちにマンションを購入。しばらくそこに住んだのち、数年前に九州の某市で暮らす次女（アユミさんの六歳違いの妹）家族を頼って、移住していった。

「この先予想される介護も含め、長女の私にはもう頼れない、とあきらめたんでしょう」

妹へのアユミさんの気持ちは、かなり複雑だ。

「私たちとの同居時代、母のストレス解消法は、妹と長電話することでした。私や祖母の悪口を聞いてもらっていたのでしょう。妹は小さなころから母とべったりだし、長女（アユミさん）と違って従順で、あの激しい家族のなかでただひとり存在感が薄かったこの子を、母もまた可愛がっていましたから」

アユミさんには、妹に負い目を感じていたことがあった。

「私がもっとも父から暴力を受けていた中高生のころ、つらさやり切れなさを、今度は自分が妹をいじめることで晴らしてたんです。六歳上だと体力でも知力でも妹を圧倒できましたから、事あるごとに彼女をいじめていました。たとえばテレビのチャンネル争いや、録画するように頼んだのにできてない、などの理由で髪を引っ張ったり、叩いたり。だから、妹は私のことが大嫌いだったと思います。それはずっと感じていました」

成人してから、そのことを何度となく妹に謝った。

「進学で妹と離れたこともあって、もちろん彼女への暴力的な態度はなくなり、一時は穏やかな姉妹関係に。子ども時代にいじめたことを謝り、妹から、あのときは殴られて痛かった、つらかった、と突きつけられるたびに、ごめんね、と言いつづけました。と同時に、自分がなぜ彼女をいじめてしまったか、まず父から日常的に暴力を受けていたことを話し、そのつらさを紛らわせるために、今度は自分より弱いあなたをいじめてしまったんだ、とも話しましたが、そこについては聞いてもらえませんでした。父は、妹には暴力をふるわなかったので、わからないのでしょう」

両親の依存症、とりわけ母のアルコール依存症について妹と何度も話し合おうとしたけれど、そのつど、拒否されてきた。

「お母さんはしっかりしている、アルコールだって問題になるほどじゃない、同居が解消された原因は、お姉ちゃん（アユミさん）の性格のわるさだ、と。妹にすれば、母は姉一家の子育てを手伝ったにもかかわらず感謝ひとつされないどころか、いじめられつづけたかわいそうな人だと。そう言われて、私から妹に話せることはもうありませんでした」

遠くで暮らす義母の介護をサポート

家族解散は二〇一一年の秋。その直前、自宅近くのファミリーレストランで、両親、アユミさん夫婦、上京してきた妹も加わって、五人で最後の話し合いをした。

「お金の手続き（自宅の名義変更に伴う、両親の持ち分への支払い）、両親のその後の住まいやそれぞれの引っ越し日程もすべて整ったタイミングでした。全員で会うのはこれが最後ですね、と確認するだけの淡々としたものです。今後は連絡もとり合わないと全員で確認し合ったのち、私はなぜか「骨は拾ってあげます」と両親に言ったんです。少し感傷的になったかもしれません。でも、その後、自分の中で家族のこれまでが整理できるようになるにつれ、そんなばかばかしいことしなくていいや、と思えるようになりました」

再婚した父については、親子関係に完全にピリオドを打った。

「父は再婚したあとも、私の息子たちにお金をあげたい、と何度も連絡してきました。そのつどはねつけましたが、それでもやめてくれなかったので、とうとう弁護士さんに相談して「お金はいっさい受け取りません。そのことで今後、連絡するのもやめてください」という内容証明も送りました。父が亡くなったら即、相続放棄の手続きをしようと準備しています。財産より借金のほうが多いことははっきりしているから。再婚相手から、父の死を知らされることがあっても、葬式にも行かないでしょう」

母のことは、本人の望みどおり、介護も看取りもすべて妹に任せるつもりだ。

「介護や認知症の段階にいたって、妹から面倒を見られない、お姉ちゃんも分担して、と言われても拒否するでしょう。かつて私は、母のアルコール依存症からの回復を支えようと思っていたし、要介護や認知症になったら最期まで看るつもりで同居していました。それを壊したのは母自身。それでも母に働きかけ、説得を繰り返し、拒まれつづけた。その間、あなた（妹）は何もしないし、一緒に考えてくれようともしなかった。だからもうこの先、私にできることはありません、と伝えるつもりです」

アユミさんは今、夫や子どもたちとの日常に、ようやく落ち着きを感じられるようになった。他県で暮らす夫の老いた母も遠距離でサポートしている。

「夫の母は、私たちの結婚当初から、なにかと温かく接してくれた人です。今は認知症が進行して本人の地元にある認知症高齢者グループホームで暮らしていますが、そこにいたるまでは本人の望みどおり、自宅でできるだけ長く暮らせるようにと、ケアプランを一緒に考えたり、ケアマネジャーやヘルパーとも連絡をとり合ったりしてきました。義母の介護関係者とかかわるなかで、私のように母娘関係が複雑なために、親の介護シーンに登場しない子がけっこういることも知りました。だから、遠距離で介護にかかわる夫と私は、実際の介護はほとんどしていないにもかかわらず、えらい、よくやっている、ってほめられたりして……。実の親がまともだったら、彼らにもそうしたでしょう。だけど私はああするよりほかなかったし、あれでよかったと思っています」

同じ問題で悩む人がいたら、できないことはしなくていい、という以上に、するのは危険、と伝えるつもりだ。

「きらいな親の介護を無理やりすれば、そのストレスで今度は自分の子やパートナーにネガティブな感情をぶつけてしまうでしょう。自分の心身の健康もたちまち損なわれるでしょう。怒りや恨みを抱えた人に介護される親も不幸です。いいことはひとつもありません」

成長した二人の息子に、自分が両親と別居した経緯を少しずつ話せるようにもなった。

「アル中とギャン中だったから、ですんなり納得してくれました。わかりやすい理由を与えてくれたのは、両親に感謝かな。ハハハ……」

二年ほど前の春だったか、仕事のために降りたった駅の近くで偶然、父に出会った。

「後ろから、アユミ、とポンと肩を叩かれて。そういえば、父の新居はそのまちにあると聞いたことがありました。元気か、と尋ねられ、元気でやれよ、って。どの口で言うかと思いました」

アユミさんは、あ、としか声が出なかった。父と娘としてこの世で出会った二人は、父が娘の肩を叩いた一瞬だけ近づいて、次の瞬間には離れていった。

ストーリー4

育った家族や自分の問題に気づいてからは、
親に借りをつくらず、
血縁以外の人に支えられて生きてきた。

サヤカさん［四八歳］

「親の介護にかかわるか、かかわらないか。かかわるとしたらどんな形でか……。職業柄、そのことはこの数年、ずっと頭にあります。同時に、私はこれまで意識的に「親に借りをつくらない」生活をしてきました。そう思う深い部分には、彼らの介護にかかわりたくないからという気持ちがはっきりあったからです。そう決めて一六年。子ども二人と私の三人家族になってからです」

サヤカさん（四八歳）は一六年前に夫と離婚し、今は大学生の二人の子と暮らす。職業はケアマネジャー。離婚当時、まだ乳幼児だった二人の子の手を引き、ほとんど着の身着のまま元夫のＤＶから逃れるように他県へ転居し、この一六年を必死に生きてきた。

「じじばば（サヤカさんの両親）には頼らないように、お母さん、頑張るよ。給料安いから、進学でちょっと無理させちゃうかもしれないけど、できるだけ頑張ってみるから」

子どもたちが小学生になったころから話してきた。半分は自分を鼓舞するように。

「子どもたちは、わかった、と。でも、親にそう言われたら子どもはそう答えざるを得ないものだし、私の場合は、親の都合で、子どもたちにさらにそう返事をせざるを得ない環境にしてしまった自覚や申し訳なさもありました。その分も――というのは家族や血縁に頼れないし頼らないことと、私自身の心にも問題があると自覚した分も――自分を過信せず、使える社会資源はできるだけ使い、信頼できる人に、子どもも私も支えてもらってここまできました。その子ども二人も大学生です。私も今、将来につながるある資格を取得しようと、仕事を続けながら夜間の専門学校に通う気持ちのゆとりもできました」

穏やかな笑顔に、人生の大きな危機を乗り越えた自信と安堵がにじむ。三〇代そこそこで経験したもっとも困難な時期にさえ、「借りをつくらない」と覚悟させた親との関係は、どのようなものだったのだろう。

娘の進路を一方的に変更させた母

家父長的な文化や習慣が、今なお人々の暮らしに暗い影を落とす、九州地方のあるまちに生まれた。家族は自営業の両親と三歳下の妹との四人。

「三〇年経った今でも、悔しさや腹立たしさとともに思い出すのは、高校での進路選択のことです。私が通っていたのは地域で一番の進学校でした。同学年のほぼ全員が国公立大学を受験、約七割が現役で国公立大学に進む学校で、私も当然ながら国公立大志望で頑張っていました。ところが、三年になってすぐ、母が突然、「景気がいい今のうちに就職しなさい」と。そのころには、家業が傾き始めていて、家に経済的な余裕がないことはなんとなく気づいていました。だからといって、私の希望や意見はいっさい聞かれないまま、それまでの流れや周囲の人たちから突然切り離され、一方的に命じられたことが本当にショックでした」

もちろん受け入れられるはずもなく、茫然自失のまま担任との三者面談に臨んだ。

「これで進路が決まるという三者面談にいたっても、私はショックと落胆が収まらず号泣してしまうありさま。本人が泣いて声が出せないのをいいことに、母が、就職させたいという自分の考えを、決定事項のように教師に話してしまう。私は当時からハンディのある人を援助する仕事がしたかったから、せめて、地元国公立大の教育学部にある養護教諭養成科にと必死の思いで主張しても、母は、そんなところに行ったって、とはなから否定する。母自身、看護師資格を持っていて、結婚前は看護師として働いていた人なんです。今思えば、結婚で仕事を辞めたことに不本意さや挫折感のようなものがあり、娘が専門職に就くことに暗い嫉妬を感じていたのかな、とも思います」

親の言うことは絶対。家庭内にはもちろん、周囲の大人や土地柄にも、一七歳の子が、まして女の子が、親の言いつけに背いてまで自分を主張することを肯定してくれるような空気はなかった。

結局、母が命ずるまま地元企業の入社試験を受けたものの、失敗。地域一番の進学校の生徒であり、周囲からは当然、合格すると思われていたにもかかわらず落ちたことに、サヤカさんは自信も勉強意欲もさらに削がれてしまった。

「この先どう生きてったらいいか、まったくわからなくなってしまいました。お先まっ暗なままいよいよ高校三年の秋になったとき、ある県に、安い学費で福祉関係の受験資格が得られる国公立の専門学校があると知って受験し、合格。やっと家を出られることに」

ところがそれから二年後、卒業を待ち構えるように、母から地元に戻って就職しろと矢のような催促。実習先にまで追いかけてくる電話攻撃に根をあげて、受けるだけ、と受けたら地元の企業に合格してしまった。

「他県に進学したことを快く思っていなかった親への負い目があり、自分のなかにそれを振り切れるほどの強さもなくて、流れのまま地元に戻って再び実家暮らし。不本意な気持ちに親への反発が重なって、二年後に県外の人と結婚し、今度こそ家を離れました。ここまでが私の〈エピソード1〉です」

三歳の妹に託した四つの数字

今もなお、まるで映画のようにありありと脳裏に浮かぶ子どものころの光景がある。サヤカさんが六歳のころのことだ。

「三歳になったばかりの妹と遊んでいたとき、何がそこまで母の逆鱗に触れたかわかりませんが、ものすごく怒られて、家業の商品置き場に使っていた倉庫に私だけが閉じ込められたんです」

二〇畳ほどの、鉄の扉がついた、窓も明かりもない頑丈な倉庫。鉄工所を営む親戚のおじさんが作ったもので、扉は学校の校門のように重く、小さな子どもの力では容易には開閉できない。日ごろ、両親から、「アオダイショウが出る」「わるいことをしたら閉じ込める」と脅されていた場所だ。

「そこに一人で閉じ込められ、外から鍵までかけられた扉を、泣きながら叩きつづけました。おしっこ行きたい！　と叫んでも、そこでしなさい、と母にどなられて……。泣き疲れて放心していると、ふと、扉の外に妹がいる、とわかったんです。小さな妹が心配して、緊張したまま声も出さずにそこにいる。たとえ彼女が何かを言っていたとしても、私は自分の叫び声やら泣き声やらで聞こえなかったはずなのに」

扉の鍵は四つ並んだ数字が合うと開く錠前タイプ。あれから半世紀近い歳月が流れた今も、その数字を鮮明に覚えている。

「五、八、八、〇。六歳でしたが、なぜかその数字を知っていました。両親のどちらかがその数字を言っているのを聞いたか、手元を見ていたかで頭にあったのです。で、外にいる妹に、鉛筆と紙を持ってきて、と頼んだら、すぐさま家まで走って取りに行き、持ってきてくれて」

扉の隙間から紙を差し入れ、その下にわずかにある溝に鉛筆を落としてもらい、それらを受け取ると、紙に四つの数字を書いた。

「互いの姿は見えない妹に、ここを見て、と必死に呼びかけました。鍵の上の線と下の線の真ん中に、ここに書いた形の数字を並べて、と。それを六歳の私が、三歳になったばかりの妹に理解させるのは、ものすごく大変だったと思うし、妹も泣かずパニックにもならず、よくできたな、といまさらながら思いますが、とにかくやってくれたんです」

妹の小さな手で鍵を外してもらって外に出たときの気持ちや、そのとき、妹になんと言ったかはもう定かではない。放心状態だったのだろう。ただ、自分の体が汗まみれ、尿まみれだったことを覚えている。

その出来事を忘れたことは一度もないけれど、ショックと恐怖が強かったせいか口にすることを自然と封印。二〇歳を過ぎてようやく母に問いただすと、まるでなんでもないことのように「そんなことあった？」とひと言返ってきた。

姉を救った三歳の妹は、思春期から絶え間なく心の不調に悩まされることになる。

あの家でおびえながら育った

妹の不調は、姉妹にとって生育環境、つまり両親との関係の厳しさを象徴していたようにも思える。

「私が高校卒業後に家を出てすぐ、妹は心のバランスを失い、入院が必要なほどの摂食障害になりました。のちに彼女が言うには、「お姉ちゃんがいなくなって、自分があの家でおびえながら育ったことに気づいた」と。彼女自身はだれからも殴られはしなかったけど、父が母を殴るのを見たり、私が母からどなられたり叩かれたりしている姿を傍らで見ながら育って、まるで自分自身が暴力を受けているような、今でいう面前DVと同じストレスを受けてきた、と打ち明けられました」

妹もまたサヤカさん同様、高卒後の進路を母に無理やり決められて従い、いったんは隣県の企業に就職して家を出たものの、すぐに心身のバランスを崩して退職。実家に戻って療養しているときに、ちょうどサヤカさんが結婚で家を離れる時期が重なった不安からか、再び入院加療が必要な状態にまで落ち込んでしまった。

「それから数年後、妹の症状はいったん落ち着き、彼女の高校時代の同級生と結婚しましたが、結婚話を最初に聞いたときの母のひと言は、「入院歴は伏せろ」だったそうです。その言葉に母がどういう人間か、集約されているような気がします」

サヤカさんの〈エピソード1〉に、父の姿はほとんど描写されなかった。

「そうですね。アルコールやギャンブルといった問題はない人でしたが、強権的な母とセットに見えていましたから、私にとってはずっと敵でした。ただし、セットとはいっても夫婦仲がよかったわけじゃない。というのも元看護師の母は、自分は専門職だったというプライドを家族の前で事あるごとににじませていました。実際、子どもの私から見ても頭が切れたし、やり手でした。商才がなくて家業を傾かせた父への苛立《いらだ》ちをいつも抱え、両親の間には言い争いが絶えませんでした。なににつけても母の才が父を上回るのに、男尊女卑で保守的な土地柄だから、父は常に母より強くあろうとして無駄にパワーを見せつけ、夫婦仲は最悪。母から「お父さんにいつも苦労されられている」とこぼされながら育ったせいで、私は暴力や過干渉に苦しめられていたにもかかわらず、母を守らなきゃ、とも思っていました」

小さな書店から一歩を踏み出した

自分には助けが必要、とサヤカさんが気づいたのは、夫のDVに直面したときだ。

「離婚を決意し、夫に行方を知られないようにして、子どもたちと、ほとんど着の身着のまま他県へ逃げたころからです。でも、その時期の記憶があまり出てきません。子どものころの記憶は鮮明なのに。あまりにつらかったからだと思います」

DVに苦しめられていたころ、自分が直面しているものは何か、この先どうしたらいいのか、手がかりを知ろうと、生まれたばかりの下の子を抱き、上の子の手を引いてさまよった書店で、ACの関連書籍を見つけた。

「人口五万の田舎まちの、一〇坪あるかないかの小さな書店でした。今思うとよくあそこで出会えたなぁ、と思います。そこで買った本を片手に掲げ、片手で子どもに授乳しながらむさぼり読んだことを覚えています。自分は今、DV被害者として問題に直面しているけど、なぜこんな結婚を選んでしまったのか、なぜ元夫に惹《ひ》かれたのか、こうなるにいった背景には、自分が育った原家族の問題がある、と本を読んで確信しました」

あの書店が人生を変えた。その後、時間をおかずに離婚を決意し、二人の幼子とともに他県へ。夫と暮らした時期を人生の〈エピソード2〉とすれば、いよいよ自分の人生〈エピソード3〉がそこから始まったのかもしれない。

「一度も暮らしたことのなかった関東圏のあるまちに逃れて、行政保護の対象になり、まず母子寮に入りました。そのことを郷里の親には知らせましたが、元夫に住まいを知られないように、訊かれても絶対に言わないでほしい、と何度も念を押しました。元夫に住まいを知られたら、加害される可能性がまだありましたから、協力してもらうことが何より大切で、理由をできるだけシンプルに説明しましたが、それは響きませんでしたね。そう……、響きませんでした。母は自分自身の不安を処理できないことが、家族への怒りや攻撃になる。そのときも、私の話に耳を傾けたり、決意に寄り添ったりすることはできず、田舎に帰ってこい、と怒った口調で繰り返すばかりでした」

その後、サヤカさんは行政担当者、カウンセラー、仲間たちに支えられて少しずつ力を蓄え、間もなく母子寮から民間アパートへと転居した。

「ありがとうございます」と結界を引く

〈エピソード3〉では過去を直視し、手放すべきことを手放して、人生の再建へと踏み出したサヤカさんの覚悟と行動力が際立っている。

「子どもを育てながら働くために、保育園に確実に入園できそうな市区町村を探しに探し、ようやく東京都下のあるまちに、親子三人が生活していくために必要な最低限の条件を満たせそうな賃貸アパートをひとつだけ見つけました。カンカンカンと外階段を上がっていくような、築何十年の小さな部屋です。それでも、やっとここまで来た、とひと息……。と思ったとたんに、郷里から母が予告もなしに訪ねてきたんです。私たち三人を田舎に連れ戻そうとして。自分自身の不安に耐えられなかったのでしょうね」

ぞくっ……。

「よかった！　ぞくっとしてもらえて。世間の人にはこの恐怖をわかってもらえないんですよ。よかったじゃない、お母さん迎えに来てくれて、となっちゃうから、普通の人には話せないんです」

おまえがここにいたければ、ここでこのまま暮らせばいい。でも、子ども（孫）たちだけは連れて帰る、と言い募る母。そんなことをしたら、いつ元夫が子どもたちを奪いに来るかわからない、やめてほしい、といくらサヤカさんが説得しても、そんなわけないだろう、と根拠もないままサヤカさんの言い分を片っ端から否定していく。ＤＶへの認識はまったくなく、知ろうともせず、相変わらず自分の言い分だけを押しつける。

「そのときです。この人はダメだ、距離をとらなければ自分たちの暮らしだけでなく命さえ危うい、ときっぱり見切りをつけたのは。これからは、もう親はいない、なんとか自分の力で生きていけるようになるまで、社会資源や公的サービスに助けられて生きよう、と迷わず決心できたんです」

目の前の娘から、心のなかで今まさにそんな決別を告げられているとはつゆ知らず、なおも言い募る母に、なんとかその場を収めてもらうために、サヤカさんが押し殺した声で母に告げたのは、「ありがとうございます」のひと言だ。

「自分が出せるもっとも低い声で「ありがとうございます」と。目の前の相手と距離をおくための呪文みたいなもの。この言葉で結界を引く、みたいな感じ。何か言い返せばその何倍も反撃が来るし、何も言わなければ言わないで、聞いてるのか？　無視してるのか？と難癖をつけてくる相手に対して、すごく有効です。相手に不安を抱かせず、怒りの火種に水をかける効果があるんです。コツはただひとつ。相手が話している間はこちらからいっさい言葉をはさまず、相手がひと息ついたところで、このひと言だけを低い声で言う。私にとっては攻撃のひとつなんですよ。これまでに何度か試して効果を実感しています。母だけでなく、元夫にも有効でした。よかったら試してみてください」

実際母は、それ以上言い分をまくしたてることはなく、郷里に帰っていった。

サヤカさんが乗り越えてきたいくつかの分岐点のなかでも、あのときが「今」に続く、最大の分岐点だったかもしれない。

その後、サヤカさんは自分に誓ったとおり、両親や血縁者には頼らず、幼子二人を抱えたシングルマザーとしてもっとも苦しかった三年半だけ生活保護を受給して乗り越え、やがて子どもの成長とともに、働く時間や雇用形態を変化させて、保護から離れた。その一方で、自分だけでなく、二人の子どもたちにもカウンセリングなどそれぞれに適切な支援機関とのつながりを持たせつづけた。

「自分の力を過信したり、ひとりで頑張りすぎたりして子育てしたら、ろくなことにならないとわかっていました。努力とか頑張りでは空回りしてしまう部分を、多くの専門家や仲間に支えてもらうことで、子どもも私もここまでやってこられたのだと思います」

おまえ、えらい！

つい最近、親族の法事のために久しぶりに故郷に帰り、実家にも立ち寄った。そこで、これまでサヤカさんが語る家族の話にほとんど登場しなかった父について、サヤカさん自身にも思いがけない展開があった。

たまたま父と二人きりになったタイミングで、今後について尋ねられたときのことだ。田舎に戻ったところで仕事があるかどうか、あったとしても今の収入レベルが保てるか不安だから、戻れません、と淡々と答えると、「そうか」とシンプルに納得する返事が戻ってきたことに、なんとなくピンとくるものを感じた。

「父はもうすぐ八〇歳。私が介護関係の職に就いていることを知っていますから、自分たちに介護が必要になったら私に助けてもらえるだろうかと、期待されている印象を受けました」

じつは数年前から、たまに電話でやりとりするなかで、父の変化を感じ始めていた。

「さらにさかのぼる数年前から、私は妹とちょっとした仲違いをしていました。というのも、妹は結婚後もずっと不安定な精神状態を抱え、親との関係でそうなってしまったというネガティブな感情を、いまだに姉の私に延々と訴えてくる。そのことに苛立ちを感じて、直言してしまったのです」

私は、ダメ親との関係を絶ち、社会的な資源やたくさんの心ある人たちに助けてもらってここまで必死にやってきた。支配・服従の関係や暴力が当たり前の家庭で身につけざるを得なかった家族観や人間観を、子どもたちに連鎖させないように勉強や努力を重ね、そのためのお金も使った。その意味では頑張ってきた。なぜ、あなたはそれをしないの。いつまでも姉（サヤカさん）にばかり甘えないで、きちんと専門家につながってほしい。

「そう告げたのを最後に、妹とは連絡を絶っていました。そのことを父は案じて「妹と仲よくしてやってほしい」と私に頼んできたのです。電話で父から初めてそう聞いたときに、あ、母よりまだ父とのほうが話ができる、と感じました」

今回、久しぶりに両親と会って妹の話になったとき、サヤカさんはきっぱり告げた。

「あの子（妹）と連絡をとらないのは、とってしまえばこれまでと同じ繰り返しで、あの子のためにならないと思ったから。あの子はあの子で（家族には頼らず）、自分のお金と時間を使って信頼できる援助者や援助機関を見つけて、回復してほしいと思っている、とはっきりと。するとそれを聞いた父が「おまえ、えらい！」って言ったんです。ええええ〜ってですよ。初めてです。親に救ってもらったと感じたのは。四八年間生きてきて、初めて親に自分の言葉を認められ、共感されたと感じました」

父には救いがある。だけど母は……

おまえ、えらい。たった六文字が、これまで一度も親に自分の考えを尊重されたと感じることのなかったサヤカさんにとって、どれほど大きなものだったか。いったいなぜ、父はその言葉を口にできるようになったのだろう。

「私の子どもたちの成長が大きかったと思います。普通の両親のもとで育つ子どもより苦労させてしまったのに、健やかに成長してくれたこと。そのことで精神的なゆとりを持てるようになった私を、父は一人の人間として尊重してくれたのかもしれません。それを感じ取り、娘をほめられる力が父のなかにはあったんですね。父は子どもたちのことも「よく育てた」と言ってくれましたから」

離婚後の厳しかった道のりも、初めて打ち明けた。

「生活保護を三年半受けて、どん底だった時代もあったし、上の子どもが中学二年生のときには、母子手当も切られて本当に苦労した。だけど、知らない土地でいろいろな人に助けてもらってここまでやってこられたんだよ、と初めて両親に話しました。父は、それを聞いて「本当によくやった」と。母ですよ、問題は。この期に及んでなお、なんて言ったと思いますか？　「いい人だったのにね」と、なんと元夫のことを持ち出したんです。トンチンカンにもほどがあるでしょう。住所を隠さなければ逃げきれないほどのDVで娘と孫がさんざん苦しんだというのに、言うに事欠いて「いい人だったのにね」ですよ。それを聞いて、ああ、なんてダメな人だろう、と。まともな話が通じないこの母に、父も苦労させられたのかもしれないな、と初めて思いいたりました。父には人間として救いがある、だけど母は……」

サヤカさんにはこの再会を機に、考え始めたことがある。

「だれにも話してないことだし、自分のなかでもまだ結論は出ていませんが、父については、要介護や認知症になったら、もしかして看られるかもしれません。直接、私が介護することがなくても、こちらの施設に招き寄せるなどして」

一六年前に、両親に借りをつくらないと決めた心のうちには、介護したくない、できないからという思いもあった。

「この再会のときも、『私は自分たち三人家族のことで精いっぱいだから、老後はあなたたちのお金と人間関係を使ってなんとかしてくださいね』と念を押してきました。でも、もし父に介護が必要になったら、あの母から離すことが必要になるかもと感じたのです。高齢期にいたるまでゆがんだ関係が温存されてきてしまったため、互いの安全のために分離したほうがいい家族を、仕事でもたくさん見てきましたから」

母については？

母は……。そう言いかけたまま、その先の言葉は続かなかった。

ストーリー5

母と娘として向き合うことはもうない。
最後に暮らした二カ月間があったから
ここまでふっきれたんだと思います。

ミドリさん［五八歳］

母を看取るのは私かもしれない。だって母には私という娘しかいないのだから。何度裏切られても、そう胸に留めてきた気持ちをついに手放した人もいる。

都内で派遣社員として働く独身のミドリさん（五八歳）。ひとり暮らしの母（八七歳）を最期まで看ようと約三〇年ぶりに同居を始めたものの、その二カ月後に再び別居した。

「自分を守るために離れました。この先、母は自分の持ち金で公的支援を受け、どこかの施設で最期を迎えるでしょう。そのことに私はもうかかわらないし、母から求められることもないでしょう。母と娘として向き合うことはもうないと思います。今、そう口にすることに特別な感慨もありません。ここまであきらめられたのは、私の〝気の迷い〟があったとはいえ、母を看ようと暮らした最後の二カ月間があったからです」

戦争や飢餓とは無縁の時代にあっても、どんな親のもとに生まれたかで人の運命は大きく変わる。親との関係が、その人にとってほとんどネガティブなものしかもたらさないケースもある。五八年前、両親と五歳上の姉の四人で始まったミドリさんの来し方には、そう思わせるものがある。

父はなに者だったのでしょう

四人家族から最初に欠けたのは、父だった。

「私が高校一年になるのを待つように両親は協議離婚。一五歳のある日、母からいきなり、離婚するから一緒に来なさい、と家庭裁判所に連れていかれ、どっちと暮らすか選びなさい、と訊かれました。どっちって突然問われても、母を選ぶしかありませんでした。だって、私が小さいころから父はほとんど不在で、たまに帰ってくれば母と喧嘩するか、子どもをしかるかだけだった父を選びようがなかったですから」

それきり会うことも、別れの挨拶さえ交わすこともなく別れた父。次にその名を目にしたのはミドリさんが三〇代後半になったある日、家庭裁判所から受け取った死亡通知だった。

「両親は離婚しても、戸籍には子は子として記載されつづけますから、私に通知が来たのでしょう。それを見て、おかしな話ですが、両親は（離婚するまで）本当に結婚していたんだ、と思いました。それくらい遠い人だったんです」

父のことを何も知らなかった。どこで生まれ育ち、父の両親（ミドリさんにとっては祖父母）はだれで、母とどこで知り合い、どんな仕事をしていたのか。

「急いで相続放棄の手続きだけをしました。裁判所の担当者によれば、父には家があったらしいのですが、それは借地に建てた上物だけで、法定相続人が引き継ぐとなればそれを撤去する費用がかかる。それは相続人が負担する、つまりマイナス相続になると説明され、放棄しました。父との関係はそれで終わり。どこで、どんな死に方をしたか、お墓がどこにあるのかも知らされませんでしたし、関心もありませんでした。父はなに者だったのでしょうね」

最初に欠けたのは父だったという表現は正確ではない。欠けたのではなく、人と人として出会ってすらいなかったのだ。

子どもは親に叩かれるものと思っていた

子ども時代を思い出すと今も胸が苦しくなる。父の不在よりははるかに大きくミドリさんを苦しめたものは、母の暴力だった。

「体罰……、今の言葉で言えば身体的虐待と、暴言による精神的虐待ですね。小さいころから母に叩かれることはあまりに日常で、慣れっこになってしまっていたほどです」

母から身体的虐待を受けた記憶で、まるで昨日のことのように覚えているエピソードが二つある。一つは近所の家に親子で遊びに行ったときのこと。

「両親が離婚するまで公営住宅に住んでいたのですが、学齢の近い子どもがいるご近所同士、おつきあいが頻繁にあったんです。私はたぶん小学校入学前の年齢だったと思います。お友達の家で出されたおやつにうっかり黙って手を伸ばした私の頭を、母がものも言わずにバーンと。そのこと自体、いつものことで私も慣れっこになっていたんだと思いますが、その場にいただれかのお母さんが母に「叩いちゃダメ」と言ったのです。「せめて頭はダメ。叩くなら手にしなさい」と。それを聞いて初めて私は、叩かれるのはダメなんだ、と気づかされた。だから覚えているんだと思います。それまで子どもは親に叩かれるものだと思っていましたから」

もう一つは小学校中学年で、学校からのプリントを見せるのを忘れてしまったときだ。

「習字道具を持ってくるように、という内容だったと思います。それを母に見せるのが夜になってしまって、ひどく怒られたことがありました。学校で使う道具は、いつも姉のお下がりを使っていたのですが、習字道具だけたまたまなかったからです。夜になって言われたって店は閉まっている！　今から買いに行けるか！　とどなられて、叩かれました。私は叩くのに、そのとき初めて木刀のような棒を持ち出されたから記憶に残っています。私はお風呂に入ろうとして服を脱ぎかけていたときで、裸で浴室に走って逃げて……」

その一方で、母は対外的には非の打ちどころがないほどの〝良妻賢母〟でもあった。

「家事は完璧でした。三食ちゃんと手作りだし、子どもの服も作るし、隣近所の人たちとも普通につきあっていました。毎日手作りのブラウスやスカートを身につけて学校に行く私や姉の姿を見て、この子たちが虐待されているなんてだれも思わなかったと思います」

両親の離婚後、母娘三人で遠いまちへ

父の姿はめったに見なかったものの、たまに家にいようものなら母と激しく言い争っていた光景しか覚えていない。

「母が父に「子どもにお金がかかるのよ！」と叫んで、いつもモノが飛び交うような派手な喧嘩をしていました。あのころ、家計はどうなってたんだろう。母の内職と近所の工場でのパート勤めでギリギリ支えられていたのかな。父が仕事をしていたのかいなかったのかわからず、家を何日も留守にしてどこにいるのかもさっぱりわかりませんでした。ただ、父が家にいる間じゅう、母は二段ベッドの私の横で寝ていましたから、よほど一緒にいたくなかったんでしょうね」

父にまつわる当時の〝あるエピソード〟を、ミドリさんは大人になってから、母から繰り返し聞かされることになる。

「お姉ちゃん（ミドリさんの姉）には謝ったんだ、って言うんです。いったい何を謝ったか

といえば、あの当時、つまり私が小学生だったころ、父がたまに家に帰ってくると、姉の貯金箱からお金を盗んでいたことを。お父さんにそんなことさせてごめんね、とお姉ちゃんにはなんども謝ったって。そのことをなぜ母が私になんども話したのかわかりません。姉に負い目を感じていたのでしょうか。私自身は一度も謝られたことはありません。あのころはごめんね、のひと言も」

娘に温かな記憶をなにひとつ残さなかった父。ミドリさんにとってそのこと以上につらかったのは、否応なく転居と転校を強いられたことだ。

「家庭裁判所で、母を選んだ（選ばざるを得なかった）私と姉は、その後、母に連れられて東北地方のあるまちに転居しました。転居についても母からはひと言の説明もフォローの言葉もなく唐突に、引っ越すよ、と。母の親戚がそのまちで商売をしていたから、そこで働かせてもらうという話でした。私はせっかく入学した東京の高校から、不本意にそのまちの〝ボンクラ〟（東京で通っていた高校より低い偏差値の）高校に転入せざるを得ませんでした」

不安定な家庭環境のうえに、文化も習慣もまったく異なる学校生活に飛び込まざるを得なかったミドリさんの心境はいかばかりだったろう。

「うーん、心の慰めとかは……。なかったですかね。すみません、ちょっと……」

つらい記憶を淡々と語ってきてくれた口調が震えた。

ある日突然「家を出ていってくれ」

高校卒業後、ミドリさんは経済的な理由から大学進学をあきらめざるを得なかったかわりに、将来を見据えて簿記の専門学校に進学。現在につながる職業技術と資格を手堅く取得した。

「その卒業と同時に、再び母娘三人で上京することになりました。それというのも母が周囲の人とトラブルを起こしてまちにいづらくなったから。ハハハ……。そういう人なんですよ。結局、母のこういう性分にこのあとも私はさんざん振り回されることになりました。姉は姉で定職に就かないまま、バイトしたりしなかったりの生活をずっと続けていましたから、どこで暮らしてもよかったのかもしれません」

離婚後に夫婦関係のストレスから解放されたからか、娘たちが成長したからか、母の身体的暴力はなくなった。ただ、娘たちへの高圧的な態度や、ミドリさんの自信を削ぐような言葉の暴力は相変わらずだった。

「それでも東京に戻ってからは私も職を得て稼げるようになったし、恋人もできたりして自由を感じられる時間も増えました。基本的に母と同居はしてはいましたが、精神的にも物理的にも少し距離をとって暮らすことができていたと思います」

一〇年ほど続いた凪の期間は、ミドリさんが三〇歳くらいになったある正月に破られる。

「なんの予告もなく母から突然「家を出ていってくれ」と言い渡されました。理由はわかりません。姉と私に向かって言ったと思ったんですが、あとで母から「（姉に言ったつもりはなかったのに）お姉ちゃんまで出ていっちゃった」と残念そうに言われたので、私にだけあてた言葉だったんでしょうね。でも、それを聞いたときは、あ、そっち（母）から言ってくれてよかった、くらいの気持ちで、すぐにアパートを借りて出ていき、それから二八年ぶりに再同居に踏み出すまで、ひとり暮らしを続けました」

そのときのことで、ひとつ怖い話があるんです、とミドリさん。

「家を出ていく前に、不動産屋から渡されたアパートの地図を母になにげなく見せたんです。このあたりに越すよ、って。ただ見せただけで住所を言ったわけじゃないんです。地図も渡さなかった。ところが、引っ越しの数日後に、いきなり転居先に母が訪ねてきたんです。びっくりです！　どうしてここがわかったの？　地図もないのに、と訊くと、あんな地図簡単に覚えられるわよ、と。そのときのゾッとする感覚……、ちょっとしたトラウマになりました。なんていうか、この人からは逃げられない、という感覚。あとあとまで呪いのように効いてくるんです。それから三〇年近く経って、老いた母を私が看るしかない、と思ってしまったのも、この呪いが関係していたかもしれません。母が執着した相手という意味では、私より姉に対するほうが強いと思っていたんですが」

その姉とは、ミドリさんが家を出たあと、「お姉ちゃんも出ていった」と母から聞かされたきり音信不通。どこに住んでいるのかもわからないまま、気づけば三〇年近い歳月が流れてしまった。

「母から暴力を受けていた子ども時代、私は姉からもいじめられていました。同じ屋根の下で育った姉妹とはいえ、温かなものが通い合った思い出はほとんどなかったですね。それどころか、相次いで母のもとを離れた直前あたりに、どういう話の流れだったかは忘れましたが、姉に「なんであんたは生まれてきたの？」と聞かれました。両親はあんなに不仲だったのに、お母さんはなぜあんたを妊娠したんだ、と。知るか！　って思いました。返事もしなかった。それが最後です。姉と会話を交わしたのは」

父、そして姉の姿がミドリさんの世界から消えていった。

「どんな人だったかも忘れちゃいました」

母も弱くなったと思いたかった

　それから二八年後、母と再同居に踏み出したきっかけは、姉の消息をめぐるやりとりからだった。

「その少し前から、母がしきりに電話やメールで、お姉ちゃんと連絡がとれない、と訴えてくるようになったんです。姉は私とは音信不通でしたが、母とは連絡をとっていたのでしょう。とにかく母が言うには、お姉ちゃんが六〇歳になって退職したら一緒に住もうと言ってたのに、連絡がとれなくなった、と」

　退職したはずなのに連絡がない。直接会って話そうと姉のアパートまで行って待ち伏せしたけど会えなかった、ポストに郵便物もたまっていないから不在ではないはずだ……etc.。矢継ぎ早に知らせてくる母の言葉を適当に聞き流すうちに、またもや突然ミドリさんの部屋に母がやってきた。

「昔と同じように予告なしに。で、いきなり『お姉ちゃんがいない』ですよ。『郵便出しても戻ってこないから転居したわけじゃない』『どこにいるんだろう』ってまくしたてて、ひと通り話し終えると、今度は、延々、自分がアパートの大家さんや近隣の人たちとトラブルになっていることを話し始めたわけです。もうあそこにはいられない。引っ越すしかない。だけど、九〇歳近い年齢がネックになって賃貸アパートを借りることさえできない、にっちもさっちもいかないんだよ、と。今から思えば、母はあのとき初めて私に弱い自分をアピールしたのです」

結局、母がミドリさんのアパートを突然訪ねてきた本当の理由は「だから、おまえ（ミドリさん）が私と一緒に住んでくれないか」だった。あのとき、なぜ、できません、と即答しなかったんだろうとミドリさんはあとあとまで考えた。

「じゃ、住もうか、と言ってしまったんです。今、思えば魔が差したんです。なぜだったのかな……。一つは、母のこととは関係なく、じつはその少し前に派遣先が変わって通勤が不便になっていたので、より近いエリアに住みかえたい、と思っていた矢先だったから。五〇代後半になって、この先は仕事にも暮らしにも少しゆとりを持ちたいと考えていたからです。もう一つは、これが問題だったのですが、八七歳になった母の姿を目の当たりにして、母も弱くなった、気持ちも丸くなっただろう、と思いたい気持ちが先走ってしまったんです。私が何か支えてあげなきゃいけないような。姉がいなくなった今、私しか母を看られる人はいないんだからって」

それから数日後、母から「（住まいの）目星がついたから、明日、一緒に内覧に来なさい」と電話がかかってきた。

「びっくりしました。母に、同居してもいい、と返事をしたのは年末。年明けから部屋を探し、引っ越しは春くらい、と自分のなかで漠然とイメージしてたんです。ところが、母は私の家を訪ねた翌日から部屋探しを始め、数日後には私に日程の相談もなく内覧の約束までしちゃった。そこからは怒濤《どとう》のごとき進行です。まず母が新居に引っ越しし、それから約一カ月後には私もそこに合流する流れになってしまいました」

八七歳の母は五八歳の娘に対する主導権をいまだに握っていた。来なさいと、言われて、行くしかない自分がいた、とミドリさん。

「正直に言うと、同居に同意した心のうちには、この先母は少しずつ衰え、五年も経てば寿命を迎えるのでは、って気持ちがあったと思います。だってもうすぐ九〇歳なんですから！　ところがちっとも変わってない。浅はかでした。本当に甘かったと思います」

母娘の力関係が初めて変わった

同居直後からミドリさんは、母が引き起こすさまざまなトラブルに振り回されることになった。

「あまりにひどかったから、記録をつけるようになりました。母の尋常でない言動や行動については、のちに多くの人たちから認知症の疑いを指摘されましたが、もともと常軌を逸したところがある人でしたし、私も認知症がどんな病気なのかよく知らなくて。とにかく書いておけば、あとでだれに説明するときも困らないと」

たとえば、ミドリさんの転居前に、一足先に引っ越していた母が起こした元の住まいへの〝Uターン事件〟。

「私は母より一カ月程度遅れて引っ越しましたから、事の詳細はこのときに助けてくれた警察官から聞きました。引っ越してすぐ、母はなぜか元のアパートに戻るというトラブルを起こしたんです。なぜ戻ったの？　とあとで聞いても「ゴミを残してきたから」としか言いません。どうやって（家主に鍵を返却したあとの）部屋に入れたのかわかりませんが、電気、ガス、水道、すべて止まった部屋で二、三日過ごしたらしく、再び新居に帰ってきたとき、新居は大きな団地内ですから迷って、部屋の番号もわからなくなったそうです」

その夜一〇時近くなって、警察から「娘さんですか」と電話がかかってきた。指定された警察署にあわてて駆けつけると、部屋番号がわからない、とウロウロしていたところを近所の人に助けてもらった母がいた。

「母は警察官に、元アパートに戻った数日間まったく寝なかった、と話したらしいですが、迎えに行くと憔悴したふうでもなく、案外けろっとしていました」

新しい部屋で混乱したのだろう、せめて暖かく過ごしてほしい、とホットカーペットを届けると、「こんなもの使えない」と、使い方がわからないからではなく、おまえが用意したものなど使いたくない、という口調で突き返された。

一カ月後、ミドリさんもその部屋に合流し、いよいよ同居生活が始まると母の不穏はさらに深刻な状態になっていった。

ある晩、友人と会って帰宅が深夜になったミドリさんを寝ずに待っていて、帰宅するや「なんでこんなに（帰宅が）遅いんだ」と食ってかかった。「お母さん、私もう五〇歳過ぎてるんだよ、子ども扱いはやめて」とたしなめると、母からの罵詈雑言《ばりぞうごん》が止まらなくなった。

「ワーワーわめくばかりで私の話をまったく聞けない状態。私もどうしていいかわからなくて、手こそあげませんでしたが母の枯れ枝みたいな体を抑え込むようにして「話を聞いて」「私のことをもう責めないで」と強い口調で言いました。おそらくあれが、生まれて初めて母に強く出た瞬間でした。母にもその認識はあったと思います。娘のほうが強い、もう支配できない、と。というのも、同居が始まってから、母のなかに、どっちがこの家の実権を握るか、みたいなピリピリした意識があることを感じていましたから。その答えが、あの出来事を境に、母にもはっきりわかってしまったのではないでしょうか」

それ以降の母は、妄想のような話を延々口にしてミドリさんを苦しめた。

「いちばん多かったのは、私に男がいるという妄想です。たとえば、洗濯物の取り込みを頼むと「男ものの洗濯物がある。（その人から）金をもらえ」と言うので、「男なんていないよ」と応ずると、「恥ずかしがらなくていい」と話にならない。別のあるときには「男をこっそり風呂に入れてるんだろう」と。かと思えば、ラジオのボリュームを最大にしてひと晩じゅう聴いていたり。それについてひと言でもこちらから何か言えば、さらに騒ぎたてて止まらなくなるので、何も言わずに我慢しました」

その我慢も早晩尽きた。

「あるとき、私の部屋のドアの前で、ひと晩じゅう、何かをわめいて止まらない。翌朝七時ころ出勤のために家を出ようとすると、背後から「警察呼ぶぞ！」と絶叫され、その日のうちに地域包括支援センターに相談に行きました」

地域や仲間のつながりに助けられた

同居開始からの二カ月間、ミドリさんには気持ちの休まる時間がなかった。母の不穏に悩まされながらもなんとか精神のバランスを保ち、二カ月後に再び母と別居する決断を下せたのは、地域包括支援センターなどの相談機関や、周囲の仲間たちからの支えがあったからだ。

母の認知症の疑いを指摘してくれた地域包括支援センターの担当者はさっそく介入してくれ、さまざまな情報をくれただけでなく、医療機関への受診を拒む母をなんとか受診につなげようと努力してくれた。さらに団地の事務スタッフ、民生委員が入れ替わり立ち替わり母の見守りに協力してくれた。

看護師をしている友人、何かあるたびに電話で話を聞いてくれた叔母、SNSでつながる仲間にも助けられた。

「母の様子をつづった記録のもとは、仲間とのラインに書き込んだものです。こんなことやあんなことがあった、やってられない、みたいなことを実況中継させてもらえる場があって、多くの人から少しずつ肯定的なリプライをもらえたことが、救いでした。同じように親の介護に悩む友人や職場仲間からの共感的な言葉や、具体的な情報も本当にありがたかった。とにかく母から離れたくて、三日間だけ家出したことをツイッターに書き込んだときは、だれかが「私はウィークリーマンションを利用したよ」と肯定的に書き込んでくれたことにも助けられました。一人で抱えてはダメ、第三者を入れて、と返してくれるだれかとつながっていたことで、なんとか最悪の状況を避けられたし、次に進む判断も早くできたと思います」

母と再び別居しようと決めたのは、母が「（母の持っている）お金は（ミドリさんではなく）姉に残したい」と言い放ったからだ。

「同居して初めて、母にある程度の預金があることがわかりました。でも、そのことを母は隠したまま、私に家を借りさせ、家事や身の回りの世話をさせ、経済的にも頼るためだけに私を利用したんです。そもそも、姉の居所がつかめない、と言ってきたのは私を利用するためだったのでしょう。そのことがわかってしまった。最後まで私は母に裏切られた。それに尽きます」

最低限の手続きをして終わるでしょう

母は今、ミドリさんが去った家でひとり暮らしを続けている。だれもが疑った認知症も、結局、母は頑として医療機関での受診を拒みつづけたために、いまだに診断は出ていない。とはいえ不穏状態は落ち着き、とても元気にしているらしい、とミドリさんは関係者から聞いた。

「この先、母にはかかわれないという私の意思は、母が住む地区行政の福祉や介護の担当者に伝えました。母からの電話は着信拒否。私の職場にも事情を説明して、変な電話がかかってきてもつながないでください、と頼んでいます。以前、たった一度地図を見せただけで母が訪ねてきたことがいまだにトラウマになっていますから。経済的な支援もできません、という内容の手紙も書いて送りました。娘なんだから面倒みろ、なんていう人が一人もいなかったのは、本当にありがたかった。母が亡くなったら関係者から知らせが来て、私が最低限の手続きをして終わりになるでしょう」

母から与えられたかったもの、与えられれば返したかったことはなにひとつ交換できないままの別れだった。

「家を出る前に、それまで口に出せなかったことを初めて口にしました。お母さんは、私が小さなころに折檻《せっかん》ばっかりしたね。結局、お姉ちゃんにも捨てられちゃったけど、あの人に何をしたの。ねぇ、最後に教えてよ、と。だけど母はそっぽを向いたまま、私の顔を見ようともせず、何も言いませんでした。最後は、じゃ行くね、だったかな。それで終わり」

ミドリさんの世界に残った最後の血縁者、母との関係にもう思い残すことはない。

「一緒に住む前は何かあったんですよ。でも、何もなくなりましたね。きれいさっぱり。

再同居に踏み切ったのは私の気の迷いからでしたが、あの二カ月があったからこそ、ここまでふっきれたのだと思います」

そして緊張が解けたようにほほえみ「今は、自由な気持ちです」と前を向いた。

ストーリー6

〝不幸な母〟が九〇代でみせた心の変化。
最終章にいたっても、母と娘の結末は
最期の最後までわからない。

リエさん［五九歳］

東京から特急と普通電車を乗り継いで約二時間、リゾート地として知られるまちで夫とカフェを営むリエさん（五九歳）は今、近くの介護つき有料老人ホームで暮らす母、ハルコさん（九七歳）のもとを週二回ほど訪ねる。

「神奈川県内でひとり暮らしを続けてきた母を、こちらのホームに呼び寄せて約一年です。心不全などの既往症があるうえに肺炎を繰り返して徐々に衰え、今は要介護5。手厚いケアや親切な職員のおかげでホームの環境にも慣れ、最近はスタッフに冗談を言ったり、わざとおどけてみせたりして、「ハルコさんカワイイ、人気者ですよ」なんて言っていただくこともあるんです。親切にされると、ありがとうと笑ってみせたり。そんなことができる人だったんだ、と、その姿を見るたびに信じられない気持ちでいっぱいになります」

今が、これまでに母と私の間に流れたどんな時間より穏やかです、とリエさん。ハルコさんとの半世紀以上にわたる関係の歴史をともにたどったあとに呟《つぶや》かれたその言葉を、万感胸に迫る思いでかみしめた。

最終章にいたってさえ、結末の景色は最期の最後までわからないのだ。

〝父にあたる人〟と不幸な母の間に生まれて

〝父にあたる人〟とリエさんは呼ぶ。一九六〇年、リエさんはハルコさんと〝父にあたる人〟のひとり娘として生まれた。そのとき、ハルコさん三八歳、〝父にあたる人〟はすでに六〇歳近かった。

「父にあたる人は羽振りのよい会社経営者で、母に家をあてがい、私が二〇歳になるまで十分なお手当を支払ってくれたようです。昔ですから銀行振り込みじゃなくて、茶封筒に入れたお金を、その人が家まで届けに来た光景を覚えています。おかげで私と母は、経済的に困窮することはありませんでした。というと、母はお妾《めかけ》さんのイメージですが、たぶんそれですらなかった。じゃ何かっていうと……、わからないんです。ただ、お妾さんとか、道ならぬ恋で私が生まれたというなら、そこに愛があったと錯覚して少しは救われますが、私の記憶の限り、その人と母の間に温かな心の交流があると感じたシーンは一度もありません。たまに来ても、私との間にこれといった会話もなく、親しみを感じたことも、心がふれあった記憶もない。だから自分が還暦近くなった今も、とっくに亡くなった〝父にあたる人〟を、それ以外の言葉で呼びたくない気持ちがこんなに強いのだと思います」

三八歳という、その世代の女性としては遅い年齢で母が戸籍上の非摘出子を産んだいきさつも、それ以前は何をしていて、どこで、なぜ〝父にあたる人〟と出会ったのかも、今となってはわからない。

「私には生涯の謎で、本人ももう忘却の彼方でしょう。母は田舎の貧しい農家の出で、たくさんきょうだいがいるなかの二番目の娘。社会全体が男尊女卑だった大正生まれという時代をそこに重ねれば、家族の中でも無価値な立ち位置。手に職も学歴も財産もなく、実家にも頼れないような環境で、三八歳の女がこの先、どうやって生きていこうかと考えた果てに、金持ちの男性の子を産んで一生面倒をみてもらう道を選んだのかもしれません。そのことが、娘をあとあとまで苦しめることには思いいたらず」

幼いころからハルコさんは冷たくて、信頼できない母だった。リエさんが早々と「母をあきらめる」にいたった忘れられないエピソードが三つある。

「母の人間性に直接ふれた、忘れられない瞬間です。私はこの人から生まれてきた、と考えることがチョーつらかった……」

母の荒《すさ》んだ心にふれた三つの出来事

ひとつ目はセロハンテープ万引き事件だ。小学校一年のある日、給食の献立表を持ち帰ると、母に「セロハンテープがあれば壁に貼れるのに」と言われ、それさえあれば母に喜んでもらえる、役に立てる、と考えたリエさんは、その日の夕方だったか、母と行ったスーパーの棚から、ふとセロハンテープを手に取り、ポケットに入れてしまった。

「すぐさま警備員に呼びとめられ、親子で事務所に連れていかれました。警備員が母に「あんたが娘にさせたんだろう」と詰め寄るのを聞き、自分のせいでお母さんが刑務所に入れられちゃう、という恐ろしさでパニック状態に。とにかく大声で泣きつづければ許してもらえるんじゃないかと、力の限り泣いた記憶があります。最終的には、初犯で、盗んだ商品も小さいということで、厳重注意で帰されました。帰宅後、重苦しい空気のなかでどんなに怒られるかと思っていたら、母はおし黙って、とうとうそれについてなにひとつふれないままでした。怒ってくれれば申し開きというか、お母さんに喜んでほしかったとか、役に立ちたかった気持ちを説明できたのに、母は何もなかったかのように振る舞った。ふれなければ、何もなかったことになるかのように」

その記憶を長い間自分のなかで封印していた。自分がしたことより、なぜ母が、あのとき黙ったままだったかのほうが謎だったから、記憶そのものを無意識に抑圧してきた、とリエさん。それが、ここ数年になって、もうひとつの記憶とともに思い出したという。それはあの事件の前から、母が万引き同様の行為をしていたのを自分が〝知っていた〟こと。

「フラッシュバックするように記憶が突然よみがえったんです。銀行のロビーなどに置かれた雑誌類を、母は窓口で自分の名が呼ばれると、こっそりバッグに入れてそのまま持ち帰っていた。それだけじゃなくて、スーパーで一部の商品だけレジを通さず、自分の袋に入れていた姿も。あっ、と母に言うと、しーっと唇に指を当てて沈黙を強いられたこととともに。小学生ともなれば、私だって黙って人のものをとってはダメ、ともちろん知っていましたが、母のふだんの行動から、ありだと学んでしまったのかもしれません。私のセロハンテープ万引きも、母にすればたいしたことのない出来事だったのかも……」

同じころの色鉛筆事件も忘れられない。缶ケースに並んだ二四色の美しい色鉛筆セットは、当時の小学生にとって憧れだった。

「一二色でなく、二四色のそれを店でうっとり眺めていたとき、手を滑らせてケースごと床に落としてしまったんです。鉛筆はバラバラ。すると、店の人がとんできて、買っていただかないと困る、みたいなことを母に言い、母はしぶしぶ買う羽目に。家に帰ると、あんたわざとやったでしょう、色鉛筆欲しさにわざと落としたね、と言う。違うよ、本当に手が滑っちゃったんだ、と、それは本当でしたから、潔白をわかってもらおうと何度言っても取りつく島がなかった。だけど、その前にセロハンテープ万引き事件もあったりして、もうこれ以上、母に何を言っても自分は信じてもらえないと、あきらめました」

母への不信感が決定的になったのは小学校高学年での定期券ポイ捨て事件。母と外出中に、いかにも女子小中学生が持ちそうな可愛い定期入れを拾ったときのことだ。ふと見ると、おそらく緊急時用にとお守りがわりに親が入れていたのだろう、小さく折りたたんだ千円札が入っていた。

「母はそこから千円札だけを抜き取って、こんな大切なものを落とすバカもいるんだね、フン、みたいに言い捨てて、私の目の前で定期入れをゴミ箱に投げ捨てたんです。ショックでした。なんてことするんだ、と思いながらも言葉が出ず、何もできなかったときの気持ちを今でも覚えています」

この人のなかには何が棲《す》んでいるんだろう

「おまえはひとり娘だから、将来は婿をもらって、私が年をとったら面倒みるんだよ」

それが、小さいころから聞かされた母の口癖だった。

「子どものころはそんなものかと思って聞いていましたが、成長するにつれ、疑問と反発がどんどん膨らみました。母が私を産んだのは、自分の老後のため、そもそも〝父にあたる人〟からお金を引き出すため、私は母の金ヅルとして利用されるために生まれたのか、と。私を産んだ理由として、母自身の言葉や態度から繰り返し突きつけられることが、何ひとつ私の人生を肯定してくれないことが本当につらかった」

母との間に温かな心のふれあいがあれば、そこまで思いつめずに済んだかもしれない。けれどリエさんには、母から優しさや温かさを受け取った記憶がほとんどない。学校から帰宅して、今日はこんなことやあんなことがあったとたわいのないことを聞いてほしかったのに、話はいつも一方通行。耳を傾けられたり、気持ちに寄り添ってもらったりしたことはなく、たまに母が口を開けば自分が言いたいことだけを言って終わるのが常だった。

「常に反応がない感じ。何を言おうと、まともな返事が返ってきたためしがない。この人には何を言ってもダメだといつしか期待さえしなくなりましたが、そういう人が親だと、自分の言いたいことがなんなのかわからなくなっちゃうんです。と同時に、苦しいのは感情があるからだとも思い、私は自分の一部（＝感情）を切り捨てて生き延びました。母にすれば、ただ生き延びるためだけにお妾さんのような人生を選び、自分の感情を押し殺して生きてきたから、娘の私に感情があることに思いいたらなかったのかもしれません。でも、それは私にとっては自分の大切な一部が黙殺されたということでした」

何に対しても無関心、無感動な母が、当時テレビで盛んに中継していたプロレスを観るときだけ熱くなっていた姿は、リエさんの目に異様に映った。

「私が子どもだった六〇～七〇年代はプロレス人気が高くて、テレビ中継も多かったのですが、母はそれがすごく好きでいつも観ていました。心から夢中になれた唯一の娯楽だったかもしれません。だけど、幼い私には、そのときの母の異様な興奮や、画面に向かって叫ぶ声がこわかった。人が変わるんです。てめー、このやろー、みたいな罵声《ばせい》を飛ばしたり、口汚い言葉で罵《ののし》ったり。もしかしたら、ああすることで自分のなかの暴力的な衝動を晴らしていたのかもしれません。ストレスを娘への身体的暴力で晴らさなかったのは、そんなことをして私の体にあざや傷をつけたり、口外されたりでもしたら、〝父親にあたる人〟に援助を止められてしまうかもしれなかったから。でも、母娘二人きりの部屋で、あんな姿を見せつけられるのは、おそらく面前DVを受けるのと同じくらいの恐怖。この人のなかにはいったい何が棲んでいるんだろう、と思っていました」

この人にかかわっていたら、将来ろくなことにはならないという確信だけが募っていった。

同居は母が私にかけた呪い

リエさんの唯一の心の逃げ場は読書だった。だけど周囲の子どもたちのように『赤毛のアン』や『あしながおじさん』のようなストーリーを好きになることはなかった。「つらいことがあっても最後にはだれかが手を差し伸べてくれ、ハッピーエンドが待っている物語だから。私にはそういうことは起きないだろうって確信してたから。だれにも期待できないなら、この生育環境に従順なフリをし、大人になって独り立ちして出ていくしかない。そう思うことが唯一の心の支えでした」

小学生のころからそう思いつづけたとおり、リエさんは感情に蓋をしたまま自らを周囲に適応させることで生き延びた。短大卒業後は一般企業に就職、そこで知り合った現在の夫と二二歳という若さで結婚した。

「早く結婚した理由をひと言で言えば、自分に自信がなかったから。『（リエさんを）好きで産んだわけじゃない』という母のメッセージをずっと感じさせられて育ちましたから、そこで私が多少勉強を頑張ったり、よい大学に進学したりしたとしても、この世の荒波を生き抜く自信もなければ、キャリアを重ねていく覚悟もできない。それより、女の自分がこの社会で後ろ指を指されることなく生きるために、とにかく結婚するという〝普通〟への憧れが人一倍強かったのかもしれません」

七歳年上の優しい夫を選んだのは、「自分には得たくても得られなかった子ども時代の甘やかな記憶がある、と感じさせてくれる人」だったから。温厚な夫は、母からの同居の期待を断れずにいたリエさんの、切羽詰まった気持ちも受け入れてくれた。

「結婚後も母と同居することは、母が私にかけた呪いのようなもの。私も、それさえ実現させれば、自分の肩の荷も下りるんじゃないか、と期待した部分もあって従いました。そこで別居したところで、どんな攻撃を受けるかわからないし、私自身もそのことでずっと葛藤してしまうだろうことはわかっていましたから」

子どもはとうとう持たなかった。

「子どもを産みたい気持ちもありました。でも、実際に子どもができたら、私の腕はその子を抱く力が入らないままダラっと垂れ下がり、床に落ちてしまった赤ん坊の全身に、陶器に入るような細かなヒビが入るイメージばかり浮かんでしまって……。子どものころから、母が赤ちゃんや子どもに温かなまなざしや優しい言葉をかける姿を見たことがなく、この人は子どもが嫌いなんだな、と感じてきました。その人に育てられた自分もまた、母に似た人になってしまったと心のどこかで思ってしまっていたのかもしれません」

人生を失う価値もない。私は生き延びよう

脱サラして自然豊かなまちで小さな店を開こう。結婚後に夫婦で長年温めてきた夢を実現すべく夫とともに現在の居住地に移住し、カフェを開店させたのは今から約一五年前。リエさんは四〇代になっていた。

「都会で生まれ育った夫も私にも、自然への憧れはずーっとあって、結婚後は二人でしば

しばしば山が見える自然豊かな場所に通い、毎回、帰りたくないと思うほど気に入っていました。いつかこういうまちで暮らそう、との思いは夫婦で一致していました」

早期退職して準備を始めた夫とともに、リエさんもカフェやベーカリーなどで修業し、移住と開店に備えた。夢の実現に向けて行動できたのは、三〇代初めから通ったカウンセリングや自助グループで力を蓄え、母との関係に少し距離を持てたことも大きかった。

「カウンセリングに通い始めたのは、母との関係が苦しくなる一方だったから。数年間通って母娘関係の見方が変わったこと、とりわけ私には、親だからって一生面倒をみなくていい、と発見できたことがとても大きかったです。だって、母は〝父にあたる人〟から老後も十分に暮らせるお金をもらって経済的な不安はまるでないのに、墓場まで私にくっついてくる勢いでしたから」

それでも、ひとつ屋根の下で母と顔を突き合わせることが耐えがたかった。母の顔を見るのもいやさに、無職の期間は朝から晩まで図書館やカフェで過ごしたり、電車に乗って始発から終点まで何度も往復して時間を潰《つぶ》したりした。

「母が隣に立つだけで、嫌悪のあまり母の側の皮膚だけピリピリしてしまう。一度など、私が台所で包丁を持って調理しているときに、母が、自分の身内がお金を借りに来た、返しもしない人間に貸してなんかやるものかと、口汚く罵っている声を聞きながら、やめろ、黙れ、その体に包丁を突き刺して口を塞《ふさ》ぎたい、という衝動が突き上げて、そういう自分が恐ろしかったです。自分のために、母のために、ここを離れなきゃダメだ、と」

そして、はっきりと自覚した。この人を殺せば自分の一生も終わる。それだけの価値がこの人にあるのか。そんな価値もないなら、私は生き延びよう、と。

「移住は、母と別れる最初で最後のチャンスと思いました。ここでハッキリさせないとこの先、どんどん年をとって機を逸してしまう。自分の人生がなくなってしまう。このまま行ったら母を殺してしまうんじゃないかくらいの危機感がありましたから。いよいよとなった時期に、移住の決定と「一緒には行けない」旨を母に告げました。清水の舞台から飛び降りるみたいな気持ちで。どう反論されようと聞かない、無視しよう、と覚悟した自分の切羽詰まった気持ちばかりが先にたち、実際の母の反応は、え、そうなの？　くらいだったことしか覚えていません」

母を変えた介護チームとのかかわり

移住後数年でカフェの経営を軌道に乗せたリエさんの日々に、介護のふた文字が点灯し始めたのは、移住から一〇年ほど経ったころ。先に夫の両親が要介護となり、様子を見るために帰京するついでに、母の様子を見に立ち寄ることが何年か続いた。

「同居時代は顔も見たくないほどきらいだったのに、物理的に離れている時間が重なるにつれ、お昼を一緒に食べる三〇分程度なら耐えられるくらいには、自分の心が変化していました。新天地での仕事や生活にゆとりが生まれたからでしょう。高齢ひとり暮らしの母が熱中症になってないか、悪徳商法に騙《だま》されていないか、どこか心配する自分もいました」

母が要介護認定を受けたきっかけは、自宅での転倒を機に全身の衰えが進んだこと。

「いったん老人保健施設に入所して自宅に戻り、介護サービスを利用しながら約七年間さらにひとり暮らしが続きました。母はすでに八〇代の終わりでしたが、このときからケアマネさんやヘルパーさんなど多くの介護のプロにかかわってもらったことで、母の心に大きな変化が始まったように思います」

それは、リエさんも予想していない展開だった。月に一度程度上京し、様子を見に立ち寄るたび、母の表情が和らいできたように感じた。それどころか、リエさんが記憶する限り、他人をほめたり、感謝したりすることが一切なかった母が、当時もっとも長く担当してくれたケアマネジャーをほめる姿に初めて接した。

「驚きました。母がしきりとあの人はいい人だ、とほめることに。確かに、そのケアマネさんは私から見ても優しくて頼り甲斐のある人。母に業務の枠を超えて親身に接してくれている印象で、たとえば、母の好きなお菓子を自費で買ってきてくれたり、杖がないと困っていればすぐに適切なものを用意してくれたり。母には友達と呼べる人もいませんでしたから、業務とはいえ人に親身になってもらったことがよほどうれしかったんでしょうね」

担当ヘルパーの訪問中に立ち寄ったときは、その人から「ハルコさん、ハルコさん」と明るく呼びかけられて、楽しげに応じる母の姿に驚いたこともある。

「ヘルパーの利用者への対応としてごく普通の光景だったかもしれません。でも、母にとって、だれかにこんなふうに接してもらうのは、幼少期を含め長い人生で初めての経験だったのでしょう。その人に「リエさんが来るの、楽しみにしてたんですよねー」なんて話しかけられると、えへへ……、みたいに笑ったりして。えー、この人、笑えるんだって」

母の心の変化に気づいた数年間に、リエさん自身も気持ちの変化を感じていた。

「あるとき、この人が今ぽっくり死んじゃったら、ホッとする部分もあるけど、どこかにそれだけでは納得できない気持ちが残る気がして。たまに様子を見に来て三〇分が限界という関係のままで母娘関係が終わることへの、割り切れなさが湧き上がってきたんです。もしかして、「いつかわかり合えるんじゃないか」という淡い期待を捨てきれずにいたからなのかな。期待というより、自分がそうしたい、という。そういう気持ちが自分にまだあることに気づいたとき、あー、私、バカだなー、と思ったんだけど。この人と関係をつくるのは無理だ、不可能だと頭ではわかっていても、心のどこかにカケラが……うん。あって……」

そこからは涙があふれてしまった。


いろいろな経験を経て、もう一度過去に向き合えた

自分が生き延びる手段として娘を利用した母。社会や運命への呪詛《じゅそ》に満ち、温かなまなざしや優しい言葉も持ち合わせず、娘の自尊心や自信を打ち砕いた母。一時は殺意を覚えるほど憎悪した母への感情に、いつしか同情心や哀れみが混じり合うようになっていった。

「どうして母はこんな生き方しかできなかったのか。もともと貧しい子だくさんの農家に〝期待されない娘〟として生まれ、学校にもろくに通えなかった。娘盛りの時代は戦争で、同世代の男性は戦死しちゃって、敗戦後は結婚相手にあぶれた。仕事もなくて、追い詰められた果てに、こんな人生を選んだ。選ばざるを得なかった。母として最悪だったことは変わらなくても、そこに情状酌量のような気持ちが芽生えてきたんです」

そう思えたのは、ハルコさんの変化だけでなく、リエさん自身が今、安定した暮らしを手にできたからだとも思いいたった。

「移住して約一五年。お店を軌道に乗せられ、平穏な暮らしと健康があって、ときどき楽

しいことをする余裕もでき、自信もそこそこついたから、母を見る目にゆとりが生まれたのかも。仕事が失敗したり、生活が困窮したりしていたら、こんなふうには思えなかったと思います」

自分の今を、そんなふうに描けるようになったのは、じつはここ数年のことだ。

「母と距離をとり、移住生活が少しずつ軌道に乗ってからも、自分が幸せだというふうになかなか感じられませんでした。はたから見れば幸せの条件は揃っていると頭ではわかっているのに。なぜそう思えないかと考えると、いつも母との関係に行き当たってしまう。母を恨む心を手放せずにいるからだと思いました」

母にされたこと、言われたこと、母の娘に生まれて苦しかったこと、つらかったこと……。ぐちゃぐちゃに絡まった負の感情を、もう一度、ノートに書き綴《つづ》っていった。

「もう一度っていうのは、移住前に通ったカウンセリング以来という意味。あのときは、母と距離をとっていいんだと発見でき、実際に離れられたことまでで満足でしたが、この先の自分の人生を思えば、残された問題をもう一度整頓する必要があると考えて。自分の記憶や過去を振り返ったとき、そこに見えるイメージを自分なりに表すと、鉄クズの塊なんです。町工場なんかにあるでしょう、大きなワイヤーに入ったトゲトゲ、イガイガの鉄クズ。少しでも触れようものなら、たちまち手が切れて血が噴き出す。痛い思いをするくらいならいっそ触らない。そんなふうに私は自分の記憶や感情を扱ってきたんだと思います」

母との間にあった出来事を、そのとき自分がどう感じたか思い出せるかぎりノートに書き出してみた。ただ漠然と書き綴っていくだけでは「一向に心が晴れない」から、悲しかったことは青、苦しかったことはグレー、うれしかったこと楽しかったことは暖色系、というふうに色つき付箋を使ってエピソードを短くまとめ、付箋を貼る位置を自由にする、という工夫を加えることで、記憶と感情を客観的に見直すことができたそう。

「エネルギーをものすごく消耗する作業だとわかっていましたから、農閑期じゃないですが、リゾートへのお客さまが少なくなる冬の時期に取り組みました。こんなしんどい作業に取り組もうと思えたのも、母の心に変化を感じたからこそ。途中、何度も鬱の波に襲われながらも、この苦しさの正体を見極めないと先に進めない、との思いでやり通しました」

過去や母に対するドロドロした感情に言葉を与え、書き出した。それを今の自分が読んで味わい直すことで少しずつ整頓していった。

鉄クズの塊がなくなることはない。でも、暗闇から薄明かりの部屋に移されたそれは、かすかな光に照らされているようにも見える。

介護のネットワークに恵まれ、九五歳過ぎまでひとりで暮らしを続けたハルコさんの在宅生活にいよいよ限界が迫ったのを機に、リエさんはハルコさんに、自宅近くの介護つき有料老人ホームを勧めた。ハルコさんはその申し出を待っていたかのように同意。

「ホームに入居して一カ月後に心不全と肺炎で三週間入院しましたから、私が母をこちらに迎えようと決めたタイミングが、母にとっても独居の限界点だったのでしょう。その入院を機に要介護4から5になりました。だけど、最初にお話ししたように、神奈川での在宅介護生活と同様、こちらでもよい介護に恵まれ、今の暮らしに満足しているようです」

リエさんは今、職員に囲まれてホームで穏やかに暮らす母に、自分も職員の一人になったつもりで接しているという。

「私をさんざん傷つけた母だと思うといまだにつらくなったり、優しくできなかったりする部分もあるけど、〝ハルコさん〟という気の毒な、幸薄かった一人の高齢女性に接していると思えば、大変な人生でしたね、と隣に座ることもできます。そんなふうに接する時間が長くなるにつれ、これまでずーっと苦しんできた〝母の不幸の上に私の人生がある〟という苦しさが、少しずつ和らいできた感覚もあるんですよ」

ストレスの多い生活をしてきた母が、どうして九七歳の今にいたるまで命にかかわる大病もせずに生き延びてこられたのだろう、と考えることもある。

「娘や男を使っても自分だけは生き延びるぞ、って生きてきた人だから、生への執着が強いのかと思ってきたけど、最近は、娘の私がこの人を赦すことができるようになるまで、ここまで長生きしてくれているのかもって考えるんです。介護が必要になる以前に亡くなっていたら、私はハルコさんの笑顔にも、ありがとうの言葉にも出会えず、私の心の重い鉄クズの山もそのままの形で残ってしまったでしょう。要介護になって、たくさんの他人に助けてもらうことで変化したハルコさんの姿があったからこそ、私も憎しみやつらさを少しずつ手放してこられた気がします」

そう語るリエさんの表情には、母をきらう／きらわない、赦す／赦さない、の問い自体を必要としなくなった澄んだ晴れやかさがあった。

「ハルコさんは不安が強い人だったから、自分が入るお墓をまだ若いころから神奈川県内に買っていたんですよ。せっかく買ったのだから、そのときが来ればいったんはそこに落ち着いてもらうとしても、ここからは遠すぎるから将来的には墓じまいしてもいいかなって。私と夫はこのまちに骨を埋めるつもりだし、私自身は樹木葬がいいと思っているから、いつかハルコさんと同じ樹木の下に埋めてもらってもいいと思っています」

そして、こういう結末もありなんだと思います、と言葉をかみしめるように締めくくった。

カウンセラー
信田さよ子さんに聞きに行く

母の介護は重すぎる。
母娘関係の最後の局面に、娘は
どう向き合えばよいのでしょう。

親の介護が気になる年齢になってもなお、介護そのもの以上に、老いた母との関係に苦しむ女性たちがいる。二〇〇八年に出版された信田さよ子さんの『母が重くてたまらない　墓守娘の嘆き』（春秋社）は、今この問題につながる母娘関係を浮き彫りにした嚆矢《こうし》だった。

同書によれば「墓守娘」とは、ひと言で言えば「過干渉の母親をもつ娘」を指し、「子どもの人生に口を出し、果ては「介護は当然」「将来は自分の墓を守れ」と言い募る母親がいることから名付けられた」（『さよなら、お母さん　墓守娘が決断するとき』より）。あなたのため、と言いながら娘に対して支配的に振る舞ったり、過剰に世話を焼いたり、自分の慰め役として利用するなど、さまざまな姿で自分の前に立ちふさがる母を持つ娘の生きづらさを解き明かし、本当の意味で自分の人生に踏み出そうとする女性たちのテキストにもなった。

それから十余年。「墓守娘」の中心世代だったアラフォー女性は五〇代にさしかかり、母親世代の介護や認知症という新たな問題に直面している。待ったなしの現実を前に、多くの人が、人として〝正しい〟と教えられてきた「老いた親を子が支える」ことと、目の前の母との苦しい関係をどう折り合わせればいいのだろう。

信田さよ子さんに関係のわるい母と娘の最終章について聞いた。

――『母が重くてたまらない　墓守娘の嘆き』に描かれた墓守娘世代の中心はアラフォー（四〇歳前後）、その母親は当時六〇代の団塊世代の女性たちでした。それから十余年の歳月が流れ、母親世代の老いや介護という新たな局面にさしかかりつつあります。母の介護を機に、いったんは母との関係に距離がとれた女性はどのような課題に直面するのでしょう。

とても興味深い出来事がありました。一〇年前に「墓守娘」という言葉が多くの女性に共有され、さまざまな媒体からインタヴューを受けたなかに「私も墓守娘です」と自己紹介してくれた三〇代後半のある記者がいました。

ひととおり取材を終えるや、その人自身と母との苦しかった過去の関係をおもむろに語り始め、「この本に出会い、母と物理的にも精神的にも距離をとれて救われました」と話してくれたときのことをよく覚えています。晴れ晴れとした口調と表情に、よかった、と思ったものでした。

その人が数カ月前、一〇年ぶりに再び私の前に現れたのです。前回のイキイキした表情とはうって変わって意気消沈した様子。そして、先生、じつは……、とこんな話を切り出したのです。

「「墓守娘」という言葉を得たことで、苦しかった母との関係をいったんは整理でき、ようやく楽になれたと思ったのに、新たな局面を迎えてしまいました。七〇代半ばになった母が骨折を機に生活が不活発になったあげく、認知症状を発症して要介護状態に。娘としては、身の回りの世話から家事全般にいたるまで生活支援に駆けつけないわけにはいかず、これまでのように距離をとることが難しくなりました。

過去の苦しい関係の記憶と感情を抱えながら、娘だからしなければならないという気持ちの間で揺れて毎日がつらくてたまりません。周囲の人からも娘のあなたが介護するのは当然というプレッシャーをかけられますが、それをはね返す力がありません。

唯一の救いは、自分の周りには同じような状況を抱えた同世代の女性が何人かいて、その人たちと情報交換しながら支え合っていることです」と。

そうか、と思いました。「墓守娘」から一〇年を経て、五〇代の娘と七〇代中盤に差し掛かった母の関係に介護問題がクロスし、母娘問題に新たな局面が現れたことを実感させられたのです。

一九七〇年代から始まった「母娘問題」

——「墓守娘」と介護の問題は超高齢社会ならではですね。「要介護になった母と介護を期待される娘」の問題は、これまでの「母娘問題」の流れのなかにどう位置づけられるでしょう。

私は日本における母娘問題の歴史を5期に分けて考えています（次ページ参照※）。『母が重くてたまらない』を今回のテーマにつながる母娘問題の嚆矢とすれば、それ以前の母娘問題は親離れ子離れとか〝一卵性母娘〟などの言葉で説明されるしかありませんでした。ですからこの本を母娘問題におけるひとつの大きな分岐点とし、これ以降を第3期としました。

なぜ第1期にしなかったかといえば、その前段であるAC（アダルト・チルドレン）ムーブメント（＝第2期）がなければ第3期はなかったし、ACムーブメントはさらにその前、七〇年代からのフェミニストによるフロイト批判のムーブメント（＝第1期）があってこそだったからです。

順に説明しましょう。

まず第1期のフロイト批判のムーブメントは女性学から生まれたものです。女の役割を拒否しようとした女を「ペニス・エンヴィ（男根羨望）」と呼んだフロイトに対して、女性たちが「冗談じゃない！」と声をあげたところからスタートしました。

私はその理論の専門家ではありませんし、今回のテーマに直接つながるわけでもありませんから、詳細には立ち入りませんが、この流れをくんで日本で立ち上げられたフェミニストカウンセリングに持ち込まれた相談のかなりの部分は、「母娘関係」だったそうです。

ただし、この時期は第2期から3期にかけて焦

母娘問題のこれまでの流れ

1期	1970年代	フェミニストによる論争（フロイト批判）
2期	1996年〜	ACの登場
3期	2008年〜	母娘問題の幕開け(墓守娘)
4期	2012年〜	毒母、毒親……の当事者本が続々出版される
5期	2019年〜	3〜4期の中核世代、当時アラフォー、アラフィフだった女性がそれぞれ10歳ずつ年をとり、親の介護問題に直面

点が当てられた母、つまり娘の人生を食いつぶすかのようなモンスターのような母は想定されていませんでした。

第2期は、一九九〇年代半ばからのACムーブメントです。ACとは「現在の生きづらさが親との関係にあると自認した人」を指します。もともと親のアルコール問題がいかに子どもに影響するかを明らかにした言葉でしたが、日本では機能不全家族という言葉とともにアルコール問題を離れて広がりました。

私が最初に「母と娘」に注目したのは、九〇年代初頭からACを自認する人たちとのカウンセリングを通じてでした。ACはアルコール依存症の家庭で育った人たちのマイナーな問題だったはずが、彼ら、彼女らの問題は飲んだくれの父ではなく、むしろその傍らにいて、犠牲者的でありつつも非常にパワフルなお母さんたちとの関係だということを無数に見てきました。

とりわけ娘が同性の親に感ずる名づけようのない重さ、娘に対する母の微に入り細を穿《うが》って忍び込んでくる支配のテクニックに関心を持ってきたわけです。どういうことかというと、支配と聞くと高圧的な言葉や振る舞いで相手を意のままにしようとするイメージが思い浮かびますが、母の支配のスタイルは、娘を自分の不幸の聞き役や叶わなかった夢の代走者にしたり、自分が家族の犠牲者役を演じることで娘に罪悪感を抱かせたりするなど、じつにバリエーション豊かなのです。

それが第3期「墓守娘」の名づけ、とその後のブームにつながりました。さらに「墓守娘」が人口に膾炙《かいしゃ》した二〇一二年あたりからの「毒母」「毒親」ブームを第4期に分類しました。さまざまな年齢の「娘」たちが当事者の立場で書いた本が相次いで出版され、母娘問題のいわばサブカル化が起きた時期です。

「墓守娘」の中心世代は四〇代でしたが、第4期あたりから二〇代、三〇代、さらには中学生くらいの女の子まで「うちのママは毒母だから」というふうに、これらの言葉をカジュアルに使い始めました。つまりアラフォー女性と団塊世代母の局所的なテーマだった「墓守娘」という言葉が、「毒母」や「毒親」という言葉に置き換えられて女性週刊誌やSNSなど一般的な文脈の中で使われるようになり、裾野が一気に広がったわけです。

そして第3から第4期の中核世代、当時アラフォー、アラフィフだった女性がそれぞれ一〇歳ずつ年をとり、母親の介護問題に直面し始めた現在が第5期です。

母の介護で母娘問題の最終章が始まる

第5期は、第3期の「墓守娘」、第4期の「毒親」持ちの女性に加えて、もっと広範な女性たちも含まれることになるでしょう。自分の生きづらさの根っこには、育った家族関係や、母との関係にあったのではと感じながらも、「自分はACってわけじゃない」「母も毒母というほどじゃなかった」と考えてきた人が、親の認知症や要介護を機に、これまで否認や過小評価してきた母娘関係の歪みが顕在化してくる時期だからです。

さらに、いったん母と距離がとれて、ずいぶん楽になった人たちが、再び母との関係にとらわれる危険性もあります。母の介護をきっかけに、再び私の前に登場した記者は、その典型でしょう。母親との関係の苦しさに気づき、四〇代にいたってようやく母と心理的・物理的な距離がとれ、本当の意味で自分の人生に踏み出せた女性が、母の老い、認知症などに直面することで、あっという間に腰砕けにさせられてしまいました。

一〇年前の彼女からは、母と距離をとって自分の生き方を貫いていいのか？　と自問しつつ、すでに「いい」と結論を出していた自分の肩を、ちょっと押してほしいだけという自信やエネルギーを感じましたが、今回はその生気もない。疲れた表情からは、母の介護は私が背負っていくしかない、という不本意なあきらめがにじむだけ。

「長いものに巻かれる」という言葉どおり、とぐろを巻く大蛇に身も心もギューっと締めつけられているような印象を受けました。

彼女のように、母の老いや介護に直面することで再び力を奪われ、心身の不調に悩む人も少なくないのではないでしょうか。

――なぜ娘は、いったんはとれた母との距離を縮めずにはいられない心理状態に陥り〝腰砕け〟にされるかのように追い詰められがちなのでしょう。

〝弱者〟になった親を否定したり遠ざけたりすることは人間としての良心、良識、ヒューマニズムを自ら踏みにじる行為なのでは？　そんな自己嫌悪、自己批判が、良識あるまともな人ほど湧いてきてしまうからでしょう。

やっと母の力が衰えた、ラッキー、復讐のひとつもしてやろうと思えたら楽かもしれませんが、そうはならない。これは真面目に生きてきた人が直面する苦しみではないかと思います。

――親の老いや介護を契機に、親戚、近隣、介護や医療にかかわる関係者など全方位から「子が（とくに娘が）親を看なくてどうする」という圧力が強まるケースもあるようです。

社会保障制度が手厚く、家族が介護にさほど時間や労力を傾けなくてもすむような余裕のある社会なら、娘たちはここまで追い詰められなかったでしょう。でも、ここ数年の社会保障制度の動きなどをみていると、給付は徐々に縮小され、保険者や利用者の費用負担だけが増してきているようです。介護保険制度にしても年々使いづらくなっているようで、実質的に介護家族に頼らざるを得ない部分が増えつつある現実が関係しているのかもしれません。

〝世間の目〟という問題もありますね。娘にいくら知恵やお金やキャリアがあっても、世間の目だけは変えられません。

関係の苦しみが受けとめられる場を

――介護を機にかかわるようになる行政、医療、福祉の分野の人たちの中にも、娘が親の介護にかかわることを当然のように考える人は少なくありません。

援助職（人を援助する仕事に就く人）の家族観や親子観に詳しいわけではありませんが、この国の母性愛神話の強固さや、世間の常識は常に母の味方である現実から考えれば……。

これからは、良好ではない親子関係を背負いつつ、親の介護にかかわらざるを得ない立場にいる娘を支援できる人や機関が、ケア業界でも必要になるでしょうね。ケアラー自身が抱えた問題についてももっと重要視されるべきでしょう。

最近、家族の介護に携わらざるを得ない一〇代（研究者によっては二〇代まで）が「ヤングケアラー」と名づけられ、さまざまな方面から注目され、支援の手立てが少しずつ講じられるようになりました。それと同様に、良好でない親子関係を背負った人たちに注目した「〇〇ケアラー」（〇〇には中高年ACや「墓守娘」などを指す語。ミドルやシニアなど）というような分野ができてもいいと思います。経済的支援や、人手など目に見える支援に留まらず、その人たちの葛藤を肯定してくれるような場です。

介護行為そのものは同じでも、親と関係のわるかった介護家族（家族の介護を担う人）は、そこそこ関係のよかった人に比べて介護以前の心理的葛藤が大きいわけですから、まず、そのことで追い詰められないような配慮が必要ですね。

手詰まりになってしまった人たちが安心して心の葛藤を分かち合える秘密結社のような場を作って「じつはね、抜け道があるんです。こっちこっち！」と手招きしてくれるようなアナウンスがあり、「お母さんを怒鳴りつけたくなるでしょう。でもしなくてよかったねー」と、よそでは言えない本音に共感してくれるような仲間に出会える場です。

——介護を家族間の〝愛〟や親孝行にからめて語る文化には、まだまだ強固なものがあると感じます。母の介護をためらう娘の幾重にも複雑な感情には配慮されず、介護職の人からなにげなくかけられた「お母さんを大切にしてあげて」がつらかったと語る当事者もいました。

世間の常識は常に母の味方です。「親の心、子知らず」とか「親の愛は山より高く、海より深い」という盤石の言葉があり、強固な母性愛神話が共有され、母と娘の力関係はその上にどれほど歳月が重なろうと、非対称のままということが少なくありません。

介護職、介護家族ともにいまだに女性割合が高い状況とも関係があるかもしれませんね。女同士という理由だけで、相手を自分とは異なる価値観を持つ人だと認識する視点を失ってしまう人もいるのでしょう。

一方で、相手が女性とみるや、自分の介護観や家族観を無遠慮に押しつける介護者でも、男性家族には言わない、男性には距離をとるケースもあるでしょう。

「事情があって僕はちょっと（親の介護にかかわるのは）無理です」と言われると、女性の介護者や関係者は案外あっさり「そうですか」と引き下がることもあります。

母との苦しい関係を言語化し距離をとる、という選択も、それをしたのが女性か男性かで世間の受けとめ方は変わってきますね。ある男性は「母の葬式で思い切り泣いた。周囲の人には、悲嘆にくれているように見えただろうけど、じつはうれしさと安堵とで号泣した。これでやっとあの母と縁が切れる、と思うと泣けて泣けて仕方なかった」と話してくれました。男性はこれが通るのですよ。

援助職の人たちの意識も更新して

――親の介護時代にいたってなお逃げ場を断たれて苦しむ娘が、自分の暮らしと人生を守るために、この先どんなことが考えられるでしょう。

このテーマにかかわる三つの立場それぞれに、意識改革が必要かもしれません。三つとは福祉・介護・行政などで働く支援者、母、娘、です。

まずは福祉・介護・行政などの分野でこの問題にかかわる人たちの意識改革です。高齢者介護の世界のみならず、援助職の一部の人たちから、支援を受ける側、つまり立場の弱い側の人たちへの人権意識が古色蒼然としているのでは？　と感じることがあります。

たとえば、二〇一六年に相模原の障害者施設で起きた殺傷事件を機に明るみに出た障害者施設の問題のひとつに、入所者への過剰ともいえる抗精神病薬の投与の話がありました。日本でいちばん大量の抗精神病薬を投与されているのは、施設で暮らす障害者や高齢者、そして刑務所の受刑者たちです。おとなしく〝収容〟されていてほしい人たちに、もっとも投与されています。身も蓋もない言い方ですが、薬を増やして人手やサービスを削るというわけです。これもまた日本の福祉のまぎれもない現実でしょう。

社会や世間が知りたがらない世界の〝常識〟や、そこで働く人たちの意識は五〇年間変わっていませんが、似たようなことが身近な高齢者介護の世界にもあるのかなと思わずにいられません。つまり家族観や介護観は時代とともにどんどん変化しているのに、職業として介護にかかわる人のなかには、介護をいまだに旧態依然の、親子愛や親孝行の文脈で捉える人がいるのかもしれません。

その一方で、希望を感じられる社会の変化もあります。ひとつは、当事者の証言がますます注目される時代になったこと。たとえば近年、統合失調症の世界ではその病気を抱えた母に育てられた経験を語る精神科医の発言や著書などが注目されています。そのような生育環境で育つ娘の大変さ、苦労を、医師となった人が当事者として語ることで、私も同じだった、自分もつらかった、という人が次々に声をあげられるようになりました。

ACムーブメントは、まずアルコール依存症者の親を持つ当事者がその痛みやつらさを語ったことから支援の場やしくみが立ち上げられましたが、それが統合失調症の人を抱える家族にまで広がってきたということです。

もうひとつは、小児科医の熊谷晋一郎さんらが研究や知見を深めてこられた当事者研究。親との関係や育った環境のせいで生きづらさを感じてきた中高年女性たちが、母（父）を介護する際に直面する思いに社会が耳を傾ける場を設けるべきでしょう。難しい状況を抱えた娘世代の率直な証言や意見を否定せずに聞き留められる場がないと、娘本人だけでなく、さらにその子世代にまで影響してしまうからです。

――当事者の声が安全に聞き留められる場といえば自助グループでしょうか。

当事者だけで運営される自助グループというより、この問題に精通した専門家も加わるグループのほうがいいと思います。というのも、介護、老親というワードが加わることで、冒頭にお話ししたヒューマニズムによる葛藤が本人だけでなく聞き手の側にもワーッと出てきて、よって立つ土台が崩れてしまう可能性が高いからです。

専門家が伴走するこのようなグループの立ち上げは難しいと思われるかもしれません

が、介護という具体的な行為が入ることで、考え方や方向性が整理しやすくなる面もあるのではないでしょうか。つまり、ACの回復プロセスは、解決されないままモヤモヤしていた苦しい記憶をその人なりの言葉で整理し、手放していくという、文学的、哲学的な側面を持つ作業であるのに対し、介護は具体的な介護行為でオンゴーイングしていく（行動しながら学んでいく）ものですから。

AC当事者グループのような、個人的で複雑な苦悩の分かち合いにとどまらず、介護家族の集まりでもあることがわかるような名をつけて、「とにかく語り合いましょう」とまず呼びかける。そして、そこで語られたことについては「そのまま受けとめる」という方針を参加者全員で共有する。グループに参加したことで、介護に踏み出せない自分を責める結果にならないように、入り口はかなり具体的な看板を掲げていいと思います。

娘が母をきらうなんてありえない？

——二つ目の母の意識改革ですが、娘に支配的に振る舞ってきた女性が老年にいたって「娘にきらわれているのかも」と自覚した場合、これから娘に対してできることはありますか。

うーん……。どうでしょう。

そもそも自分が要介護になる年齢になるまで娘の気持ちに鈍感なまま来た人が、「娘にきらわれている」という感受性を持ち合わせているでしょうか。つまり、そういう母親たちは、娘が母をきらうなんて悪であり、母である自分は娘が「好ききらい」の評価をはさめるような存在ではないと信じていますから、自分が娘にきらわれる対象であるという想像ができないかもしれません。

娘が私をきらうなんてありえない、娘がヘン、としか考えません。だって、娘は自分にとって評価の対象ではないし、娘にとっての自分も評価の対象外だと考えているからです。なぜなら自分は圧倒的な強者だから。キリストって好ききらいの対象ではないでしょう？　好ききらいを超えた彼岸の存在であるのと同じです。

娘にとっては自分をそのように超越的な存在だと考えているのだと思います。

――そんな人が相手では、どんな働きかけも伝わらないのでは、と悲観的になります。

自分の切実な気持ちを手紙に書いて母に送る人もいますが、効果があった（内容が適切に理解されたり、謝罪を受けたりしたなど）という話を聞いたためしがありません。

でも、長年伝えられずにきた自分の気持ちを手紙に書いて母に伝えた事実は、娘にとっては意味があるでしょう。それで母が変わろうと変わるまいと。

認知症になってしまった母に「なんてことしてくれたの！」と詰め寄るより、そうなる前に伝えておくほうがずっといいのではないでしょうか。

虚しい努力が自信になることも

――相手の反応はどうであれ、相手に語りかけ行動したことで、自分（娘）自身が納得するためにですか。

そうです。それは女性が離婚に踏み切るときの心情と似たところがあります。精いっぱい努力してもダメだった、というエクスキューズが自分の中にないと、どんな離婚でも後悔が残るものです。後悔は本人のために少ないほうがいいにきまっています。

離婚の場合は夫に、私はこんなに苦しかった、つらかった、悲しかった、と伝える。そのほとんどは通じないですよ。でも、ここまでやった。五回は伝えた。それでもダメだった、仕方がない……、というプロセスが本人のなかにあるほうがいいのです。
声が届かない相手に対しては、虚しい努力をどれだけしたかという事実が、自分を次の段階に進めてくれる力や自信になります。相手の反応は不問なのです。

――そうであるなら「自分の気持ちを手紙に書き送る」を、「一度は介護してみる」に置き換えることもできますね。

それもいいでしょうね。そうしたら、「関係のわるい母」の介護をめぐって娘が抱く葛藤のひとつであるヒューマニズムも満たされるでしょう。結果はわかっていても、トライしてみる。あらかじめ自分の心に防弾チョッキをつけて、母からどんな言葉を投げかけられようと、どんな光景が展開しようと、「お母さん、大丈夫?」と演技をしてみる。
そういうプロセスを経験しておけば、娘自身はその先の人生で、介護しなかった、親を見捨てたひどい人間だという自責からは自由でいられるでしょう。

変わらなかった母を変わらせたもの

——今回のインタヴューに応じてくれた人たちの中には、要介護になったことを機に母が変わった、という人もいました。

何が変化を促したのでしょう。いくつかのことが考えられます。高齢で介護が必要になる状況はある意味、逃げ場がなくなることでもあります。こんな話があります。

怪物のように強権的だった母が末期がんで、あっという間に〝余命いくばくか〟の状態になったと話してくれた人がいました。彼女は母を病院に見舞った際に、病室のカーテンを全部閉め「今まで黙ってきたけど、あなたにされてつらかったこと、悲しかったことを全部聞いてください」と語りかけ、最後に「謝ってください」と静かに告げたら、ひと言「ごめんね」と返事が返ってきたそうです。

そのことと同列に語るのはおかしいかもしれませんが、少年院などでは加害少年の被害性に着目した支援が注目されるようになりました。まず自分の被害者としての側面に共感され、「あなたも大変な人生でしたね」とだれかに語りかけられると、涙を流し「オレがしたことは……」と自らの加害性を初めて自覚できるようになる。そのプロセスと重なるような気がします。

つまり人はいよいよ退路を絶たれたり、追い詰められたり、第三者から自分の被害性に共感されたりして初めて自分の加害性に思いいたり、ようやく自分が傷つけた相手に、謝罪の言葉を口にできるということがあるのかもしれません。

母が幸せでいることは次世代への義務

――最後に、娘の心がまえについて教えてください。母との関係が苦しかった人が、さらに母の介護という〝危機〟に直面したとき、状況をどう受けとめたらいいでしょうか。

どんな人も、人生の優先順位で最初に挙げるべきは親ではありません。自分の人生です。自分を苦しめた母（親）との関係を時間と労力をかけて整理し、ようやく距離がとれたからこそ、今ここに、こういうあなたがいるのであって、母の要介護で再びその距離を縮めてしまってはたしてその後の暮らしや人生に平穏が保てるのでしょうか。

保てる自信がないのなら、やっぱり距離をとりつづけることが〝正しい〟選択だと思います。繰り返しますが、大切なのは世間の常識でも評価でも親の人生でもなく、自分と次世代の子どもたちの人生です。

子どもたちの母でもある娘は、子どもにとっても、自分がある程度ハッピーで満足のいく人生を送らなければいけません。親が幸福であることは、子どもに対する親の務めでもあります。そこを犠牲にしてまでしなければならない介護をする必要があるでしょうか。

――世間は常に親の味方です。老いた母を〝捨てる〟のか？　とヒューマニズムに訴えてきます。多勢に無勢です。押し返す力が娘に持てるでしょうか。

世間が娘に突きつけるヒューマニズムはいったいだれにとってのヒューマニズムでしょう。「人を殺してはいけない」以外に、万人に共通のヒューマニズムはない、と私は考えています。

世間のヒューマニズムは親、しかも年老いた親の味方です。すると、だれかが必ずその犠牲になる。それははたしてヒューマニズムなんでしょうか。私は家族についてそういうシビアな全体観を持っています。自分の人生や子どもたちを守るために、手放さざるを得ないものもあるのではないでしょうか。

――そんな関係のまま母（親）に死なれたら、あなた（娘）は後悔する。相手が存命中に、母を赦《ゆる》せ、和解せよ、と迫られもします。

そんな関係になったのも、もとはと言えばそれだけのことを母が娘にしてきたからです。そこまで追い詰められ苦しんでいる娘たちは、なにも自分のわがままや身勝手から訴えているわけではありません。

娘に問題がある、どうしたらいいでしょう、と訴える母が原宿カウンセリングセンターにもやってきます。そして「娘に、あんた（母）のせいで私の人生が……、と責められるんです」と嘆いたり憤慨されたりします。そういう話に耳を傾けながら、内心は「でも、それだけのことをあなたは子どもたちにしてきたでしょう」と思います。

やった人はやったことの責任をとる必要があります。責任をとってもらう、ということは、あなたは一人前の人間ですよ、と認めることでもあります。

ですから、「娘にきらわれている」と嘆くなら、それはあなたが自分のしたことの責任をとっている、ということ。責任ある一人の人間であるということ。立派です、頑張りましょう、この先あなたは娘や孫にこれ以上、負担をかけないよう、フェイドアウトしていきましょうね、というのが、「老いてなお、娘にきらわれる親」に世間がかけてあげるべき言葉だと思います。

信田さよ子
原宿カウンセリングセンター所長

弁護士
松本美代子さんに聞きに行く

子が老親を扶養する義務はありますか？
法的に「親子の縁」は切れますか？
母と同じ墓には入りたくありません。

ここまで母娘関係にさまざまな難しさを抱えた女性が母の介護に直面する際の困難について聞いてきた。介護へのためらいを語る胸のうちには、それぞれに一朝一夕ではない関係の歴史がある。それらをなかったことにして、なおも親や社会が娘に献身や自己犠牲を強いれば、娘だけでなく母娘双方の心身の安全をおびやかす事態につながってしまわないだろうか。

一方で、親の介護はたとえ子が別居していて日常的には直接かかわれなくとも、親が利用する医療や介護サービスの司令塔になるなど何らかの形でかかわるべき、という社会の規範や要請は強い。一般男女を対象に国が行った全国家庭動向調査によれば、「年老いた親の介護は家族が担うべきだ」と考える人の割合は、年々減少傾向にあるとはいえ、最新のデータでも四五・二%が賛成と答えている（「第六回全国家庭動向調査」国立社会保障・人口問題研究所　二〇一九年九月発表）

はたして法律はどのように定めているのだろう。弁護士の松本美代子さんに聞いた。

［老親介護］

Q1——子には老親の扶養義務がありますか。
A1——法的にあるかないか、といえば、あります。

民法八七七条に、「直系の血族、兄弟姉妹は互いに扶養する義務がある」という条文があります。直系の血族とは、自分の祖父母、親、子、孫など縦の関係をさします。

細かく見ていきましょう。この条文には二つのケースが想定されます。一つは、親が未成年の子どもを扶養する義務、もう一つは成人した子が老いた親を扶養する義務で、前者とは少し異なります。また、扶養義務には経済的扶養と、身の回りの世話をする身上監護の二つが含まれ、法的に「老親の扶養義務」というときに現実的に問題になることが多いのは前者の経済的扶養です。

まず経済的扶養をみていきましょう。

親が未成年の子を扶養するのはある意味、絶対的な扶養義務で、自分と同レベルの生活をその子に与えなければなりません。茶碗一杯分しか食べるものがなければ、それを半分分け与えるというのが、親の子に対する扶養義務です。

一方、成人した子が老いた親を扶養する義務は経済的扶養が原則になりますが、子自身の生活維持が最優先で、余力があれば親の面倒もみましょう、というレベルのものです。

数年前、親が生活保護を受けていたというある芸能人が、世間からバッシングを受けたことがありましたが、子に経済的余力があると考えられるにもかかわらず、親が生活保護を受給したことが問題視されたのかもしれません。つまり子に経済的余力があれば扶養義務があり、なければしなくてもよいというレベルです。

では介護面ではどうでしょう。扶養義務には身上監護＝身の回りの世話をする義務も含まれますが、合意がなければ、親との同居や日常生活の世話をしなければならない、までの法的強制力はありません。

もし、親子が扶養をめぐって当事者同士で話し合っても埒があかず、親側がどうしても子からの扶養を実現させたいなら、家庭裁判所に調停の申し立てをすることができます。調停は話し合いの場ですが、話し合いがまとまらない場合は、裁判所が審判手続にて子の経済状況やその他の事情を考慮したうえで扶養すべきかを判断します。ただし、これ以上なら「余力がある」という客観的基準が条文上に表示されているわけではありません。余力の有無はさまざまな面から総合的に判断されるべきことで、何がある／ない、をもって単純には判定されません。

たとえば幼い子どもがいて子育てにお金も手もかかるとか、失業中だとか、逆に独身で収入も多く経済的余力がありそうだ、などと子の状態が細かく吟味されるうえに、人によって余力の要素も生活レベルも変わってくるわけですから、それらを総合的、具体的に考慮していかなければなりません。

裁判で、子に負担を求める結論が出た場合は、経済的負担をする義務が生じます。

Q2――現在の自分に、お金や介護労働を親に提供する余裕があるかという問題以前に、過去に親から虐待（身体的・精神的・性的・ネグレクトなど）を受けたことや、現在の親の依存症などを理由に、扶養義務を拒否することができますか。

A2――裁判例を探してみましたが、直接答えるような例は見つけられませんでした。

近いと考えられる例はありました。少し古い例ですが、非常に家父長的・支配的に振る舞う親と不仲だった人が、その親から扶養を求められ、裁判にまでいたったケースです。最終的に「扶養義務がまったくない」という審判にはなりませんでしたが、親子間の不和を形成したことについては親に責任があるとし、扶養すべき金額を減額するという結論にいたりました。子の経済的余力のいかんを問わず、過去の親子関係が審判の過程で評価され、たとえば親から月五万円の支援を求められ、月三万に減額されたという内容です（金額は例）。過去の親子関係の質について、子の主張が配慮されたと言えるかもしれませんが、支援する金額がゼロになるまでにはいたっていません。

民法上、経済的余力がある場合は、扶養義務が厳然としてあるということでしょう。

つけ加えれば、この質問に当てはまる事例そのものが少ないのは、そもそも裁判所まで持ち込んで審判を求められること自体が少ないという面があるのかもしれません。困窮した親が子に経済的な支援だけを求めるために起こした訴えなら、裁判にいたる前に親自身が生活保護のほうに自ら舵を切っていくケースはあると思います。

Q3——支払いを命じられた子が裁判所の審判に従わない場合、刑事責任を問われますか。

A3——それだけでは問われません。

A2の例で、審判にて親に月三万円の支援をするように求められた子が、たとえば五カ月間不払いを続けた場合、親がその五カ月分（一五万円）の不払いをめぐり、子の給与などを差し押さえる手続きがなされることはありますが、子がそのことで刑事責任を問われることはありません。

離婚した夫婦間で、養育費支払いを命じられた側の親が不払いをしたからといって、それだけでは刑事責任を問われないのと一緒です。

刑事事件につながるのは、たとえば同居する親に全面的な介護が必要であるにもかかわらず、子が食事も与えず放置したような場合で、刑法の保護責任者遺棄に問われることも。ただし親子が別居していて、子が親の状況を知らなかった場合は刑事事件にはならないでしょう。

Q4――身上監護の面から別居中の親の引き取り義務を求められることもありますか。

A4――身上監護的な意味合いのものについては、それを拒否する別居中の子に国が命令を下した例はありません。

たとえば、ひとり暮らしで介護が必要になった親から「私の面倒をみて」と、私的に（裁判所が関与しない形で）同居や〝引き取り〟を求められた場合、経済的な余力とは別に、できないことはできないと言っても法的には問題がありません。

では、それを受けた親が「それでも引き取れ」と審判を申し立てたときに、裁判所は「引き取れ」という判断を下すでしょうか。

裁判所が判断を下す、ということは強制的に引き取らせることを意味します。過去の審判例では、きょうだい間の扶養についてでしたが、引き取りを拒否するほかのきょうだいに「引き取れ」と審判で命ずることはできない、としたケースがありました。

金銭的な余力があるにもかかわらず、裁判で決まった金額を支払わない子に対しては強制執行手続きが可能ですが、身上監護的な「引き取り」については、それを拒否する別居中の子にまで強いるよう国が命令した例はありません。そこまでは国は命じない、ということでしょう。

子が、老いた親の引き取りを拒否するには、それなりの背景があるわけです。「引き取り」は合意がある場合はともかく、合意がない場合は、法による強制にはなじまないと言えます。

Q5——自分は親の扶養にかかわることはできない／しないが、きょうだいがしているという場合、そのきょうだいから金銭や介護負担を求める訴えを起こされることはありますか。

A5——あります。

きょうだいがいて、彼らは親の金銭や介護負担をしているのに「おまえだけがしていない」というとき、きょうだいから負担を求める調停や審判を起こされることはありえます。

子どもには親の扶養義務があり（→A1参照）、複数の子どもがいる場合はみな同じように義務を負うことも、民法では定められています。一人だけ義務を免れるのは不平等じゃないか、ときょうだいから調停や審判を起こされる可能性はあるかもしれません。

ただ、裁判を起こすというのは相手が子であれきょうだいであれ、許せなさの程度がよほどであり、かつ法的にアクションを起こす負担もありますから、実際に裁判にいたる例はあまりないようです。

Q6——きょうだいから調停や審判を起こされたらどうすればいいですか。

A6——調停や審判にいたる以前の話し合いの段階で、ここにいたるまでの親との関係や自分の気持ちを率直にきょうだいに話しておくことはできるでしょう。長年の関係の歴史や、積もり積もった感情を簡潔に話すことが難しそうな場合は、話し合いの機会を一度ではなく数回に分けて設けたり、手紙に書いて説明したりしてもいいでしょう。

それである程度、きょうだいの理解や納得を得られれば、調停や審判にまでいたる事態

は避けられるかもしれません。（→調停や審判を起こされた場合は、Ｑ２参照）

きょうだい全員が親の介護に否定的な感情を持っている場合、親に経済的な問題がなければ親本人が自分のお金で手立てを考えるしかないでしょう。比較的元気なうちから親に有料老人ホームの入居や任意成年後見人制度の利用（→Ｑ９参照）を勧めておくのもひとつの手かもしれません。

Ｑ７――法的に「親子の縁を切る」ことはできますか。

Ａ７――できません。

養子縁組でつながった親子なら離縁すれば養子関係は切れますが、実の親子関係は切れません。実質的に絶縁状態であっても法的にはどこまでいっても親子です。

ただ、子が未成年であれば、親は親権者という立場で子の財産管理や、子に教育を受けさせる義務などが課せられています。その親権者が、たとえば子に性虐待を加えたり、生命にかかわるような深刻な加害行為をはたらいたりした場合、親権を停止する／剝奪《はくだつ》する、などの制度はあります。でも、これも子が未成年のときに限られますし、親権を剝奪されたからといって、親ではないというわけではありません。親子ではあるが、親の「親権者としての権利」がなくなるだけです。

ドラマなどで、親が子に対して強権的な態度で「縁を切る」とか「親でも子でもない」などと言い放つ場面がありますが、法的にはなんの根拠もありません。

「親子の縁を切りたい」と、成人した子から相談を受けることもありますが、具体的には相続の問題に起因することが多いようです。どんなに疎遠な親子であっても、親子である限り、親が亡くなれば子に相続の問題は発生しますし、親に借金があればそれを子が負わなければならないからです。

その場合、子が申し立てられるのは「相続放棄」です。これを事実上の「親子の縁を切る」ことと受けとめる人もいます。（↓Q10参照）

Q8——親の介護は一義的にはまず子、という社会規範やコミュニティの同調圧力には根強いものがあります。「親子の縁を切りたい」ほどの過去や感情を抱える人が、きょうだいや親族、福祉や介護にかかわる担当者にその意思を伝えておくにはどうすればいいでしょう。

A8——法的な意味合いはありませんが、きょうだいに対して自分はなぜ親の支援や介護にかかわりたくない／かかわれないかを説明することでしょう。（↓A6参照）

介護保険や生活保護などの行政への申請は親自身ができます。親が生活保護の申請をした場合、その後の審査の段階で子に「扶養できないか？」と当該福祉事務所から照会が来るシステムになっています。その場合は案内された手順に従って、扶養する余力がなければ「ない」と返信する必要はありません。

親が、認知症やその他の病気などで申請手続きが自身でできない場合は、扶養義務者である子や同居の親族が申請できます。あるいは成年後見制度を利用することもできます（→Q9参照）

介護施設への入居や医療機関への入院時に「身元引受人」として書類に名を記した場合も、「引受人になったがあいにく事情があって（面会や見舞いには）来られない」と伝えてもいいと思います。その事情や理由まで施設や病院のスタッフに伝える必要はないでしょう。私的な事情を開示する義務はありませんし、それをしたところで、周囲にどう伝わってしまうかもわかりません。

なお「身元引受人」となった場合は、治療方針の判断、体調急変時、退院時、亡くなったときなどそれぞれに対応することが求められます。

Q9――親の介護ができない場合、後見人制度が利用できますか。

A9――できます。

ただし後見人制度とは、認知症などのために自分で判断することが難しくなった人について、家庭裁判所が選んだ成年後見人等が本人に代わって財産管理や福祉サービスなどの契約を行い、本人の権利を守り、生活を支援する制度です。「介護ができない」という理由だけでは利用できません。

成年後見人制度には、家庭裁判所が後見人を選ぶ「法定後見」と、あらかじめ本人が後見人を選ぶ「任意後見」の二つの制度があります。

法定後見は、認知症になって財産管理などができない場合に、法定成年後見人を選んでもらう手続きを裁判所に申し立てられる制度です。申し立てができるのは四親等内の親族であればだれでも可能です。とはいえ、おじおばの立場の人にしてみれば、子がいるなら子がすべき、となるかもしれません。子は、最低限この申し立て手続きは必要になるかもしれません。

親族のなかに法定成年後見人になってもいいという人がいなければ、家庭裁判所に第三者を選んでもらいます。家庭裁判所が選ぶのは、弁護士や司法書士などの専門職や法人になることが多いですから、その場合は当然、報酬が発生します。報酬額は親の財産や収入を勘案して決定されます。それは親自身の財産から支払ってもらうことになります。

法定成年後見人は、財産管理、身上監護のすべてをサポートすることになりますが、専門職の場合は日常の介護まではしませんので、介護する人がいない場合は、施設入居などの手続きをすることになります。施設などに入居する場合も成年後見人が適切な施設を探して契約関係を結ぶことになります。

後見人等が適切に職務を行っているかは、家庭裁判所が将来にわたって監督します。

任意後見は、本人自身が元気なうちに自分の判断能力が低下したときに備えて「支援してもらいたいこと」と「支援をお願いする人＝任意後見人」をあらかじめ契約で決めておく制度です。任意後見人は子や孫などの親族、友人、知人など事前に本人が選んで了解を得た人ならだれでも。任意後見人は口約束でお願いしておくのではなく、公正証書で契約しておくことが必要です。契約を結んでおけば、将来認知症などで判断能力が低下したときもある程度の安心感は得られるかもしれません。

親の介護ができない人は、親が元気なうちからその旨を親に伝えると同時に、任意後見人を選んでおくことを勧めてみてもいいかもしれません。

注意点としては、家庭裁判所に選任された法定成年後見人は、事情がない限り利用者側から簡単には解任できないことです。後見人に不正行為があるなどの理由で解任したい場合は、家庭裁判所に解任請求をすれば、裁判所がその是非を判断します。任意後見人は契約ですから、こちらは解約可能です。

［相続］

Q10——親から受け継ぐものを放棄したいときにはどうすればいいですか。

A10——子の側から申し立てられるのは、「相続放棄」です。

親の遺産も借金返済の義務もいっさい放棄するという意味です。現実的には遺産より借金のほうが大きくて、返したくない／返せないときに相続放棄を使う人が多いですね。相続放棄の手続きができるのは親の死後です。生前はできません。相続放棄したい旨の意思を親本人やきょうだい、ほかの相続人にあらかじめ示しておくことはできますが、ただ意思表示するというだけのことです。親が生きている間の「相続放棄」は法的にはなんの効力も持ちません。

逆に言えば、親の生前は心情的に「親のものはいっさい受け継ぎたくない」と思っていたとしても、親が亡くなったあとに（相続する財産がある場合、お金に色がついているわけでもなし）もらえるものはやっぱりもらおうと考えが変わって、法定相続分を受け継ぐのはまったくかまいません。ほかの相続人に「なんだ、いらないと言っていたのに……」と反発されるかもしれませんが、相続することに法的な問題はなんらありません。

Q11――相続放棄はどのように行いますか。

A11――親が亡くなったあと、つまり相続開始を知ってから三カ月以内に家庭裁判所に放棄手続きの申請をする必要があります。

三カ月を過ぎてしまって困るのは親に借金があった場合です。ただし亡くなった親に借金があることを知らないまま三カ月を過ぎてしまい、金融機関などから通知が来て初めて借金返済の義務があることを知った場合は、知ったときから三カ月以内にその旨を家裁に申し出れば（相続開始から三カ月を過ぎても）放棄の手続きを受けつけてもらえる可能性があります。

相続放棄の手続きは、家庭裁判所に「相続放棄の申述書」と戸籍などの書類を提出する必要があります。

マイナス財産がなく、プラス財産（遺産）しかないときはわざわざ放棄手続きをせずとも、受け取らなければいい場合があります。

たとえば、きょうだいなど相続人が複数の場合は、遺産分割協議というプロセスを経る必要があります。協議とは話し合いを指しますが、何も受け取りたくなければ自分は何ももらわずに、ほかのきょうだいが遺産をもらう内容の協議書だけを送ってもらい、そこに署名・捺印するだけです。

一方で、たとえ長く親と関係を絶っていても法的に定められた法定相続分を受け取る権利は当然あります。

もし、親と関係を絶っていたことを理由にきょうだいなどから相続放棄を求められたとしても法律上の親子の縁は切れないのですから、する／しないは当人が決めることです。したくなければ「しません」と主張する権利は当然あります。あえて強調するのは、たとえばきょうだいや生前の親などから「嫁に行ったおまえに財産を分ける必要はない」とか「勝手に家を出ていったおまえに遺産を受け取る権利はない」などと言われつづけると、本当にそうだと思い込んでしまう人もいるからです。家族のなかで弱い立場に置かれた人が、強い立場の人から言われたことに立ち向かうのはとてもエネルギーがいることです。

でも、法律は自分の味方だと思い出してほしいし、そういうときに弁護士に助っ人を頼むのもひとつの手ではないでしょうか。

資産家の親が亡くなった場合の相続税についてもふれておきましょう。

相続税が発生するのは遺産の基礎控除がまず三〇〇〇万円、プラス相続人の数×六〇〇万円（二〇一九年一二月現在）。ですから、相続する子がひとりっ子の場合は三六〇〇万円、二人なら四二〇〇万円です。それを超える遺産については相続税がかかります。

相続税の申告は亡くなってから一〇カ月以内。一〇カ月を超えると延滞税が発生します。

Q12——墓は相続財産ですか。親の墓に入ることを拒否したければそうしても問題はないですか。

A12——墓は遺産ではありません。

遺産の継承とは別途、親に祭祀《さいし》継承者（いわゆる墓守）を指名しておいてもらい、その人が引き継ぐことになります。自分が引き継ぎたくなければ、親の生前にその意思を伝え、自分以外のだれかを決めておいてもらうことが必要になるでしょう。きょうだいでも、親の友人や知人でもかまいません。ただし、墓地によっては、利用規約で親族に限っている場合もあります。

あるいは親が元気なうちに、親自身に永代供養の手続きをしてもらうことが必要になるかもしれません。「私はお母さんの墓守はできないから永代供養（または合同墓など）にしてほしい。そのようにお寺などと話をつけておいてください」と。

親が亡くなったあとに子が墓じまいの手続きをし、永代供養や合同墓に入れ替えるケースもあります。

親の生前から、親子という二者関係のなかで「あなたは墓守娘」などと言われつづけると、親をその墓に納め、自分もそこに入る選択肢しかないような気持ちにさせられるのは〝呪縛《じゅばく》〟のようなものかもしれませんね。自分がどのお墓に入るか、あるいは特定の墓ではなく樹木葬や散骨などの自然葬を選ぶかは、自分で自由に決めればいいのではないでしょうか。

Q13――弁護士に相談することに不慣れな人は、これまでお尋ねした相談を弁護士にすることに戸惑いを覚えるかもしれません。まずは市区町村が行う無料法律相談や法テラスのような機関に相談するのは有効ですか。

A13――有効です。

市区町村などが設ける法律の無料相談は、費用の心配をせずに比較的気軽に相談できるのが魅力ですが、相談時間は限られます。あらかじめ相談したいことを箇条書きなどにしたメモを持参するといいかもしれません。

ただし、きちんとまとめて話さなければ、と思いすぎるとハードルが高くなる一方ですから、自分なりに整理がつく範囲で大丈夫です。話していくうちに相談のポイントがはっきりしてくることもあるでしょうし、どの部分に法律が力になれるかを弁護士が整理してくれるでしょう。

通常の弁護士費用を負担するのが難しい人向けに、無料相談または立て替え払い制度の利用ができる日本司法支援センターの「法テラス」https://www.houterasu.or.jpも。収入や資産などの要件に該当（サイトに詳細）する人は利用を考えてもいいと思います。

一般の弁護士事務所に相談する際も同じですが、相談の前にある程度、弁護士を選ぶことも必要でしょう。たとえば、どの分野に強い弁護士か、ふだんどんな問題にかかわることが多いかなどは弁護士事務所のサイトなどでざっくりとチェックすることもできます。企業の事務処理が得意な人に、今回のような家族問題や相続の問題を相談するのはあまり得策ではないでしょう。どんな医師に出会うかによって病気との向き合い方や治療計画が変わってくるのと似たようなことが法律の世界にもあるかもしれません。

自分の権利を守るために法律に頼るのはとても有効なことです。主張することに後ろめたさを感じる必要はありません。そのことを応援してくれる弁護士に出会ってほしいと思います。

弁護士
松本美代子
みずき総合法律事務所

エピローグ

親子という特別な縁がありながら
ついに出会うことのなかった母娘。
いいいい、ものわかれは解放の地点でもある。

当事者の語りをまとめながら、なんど胸に痛切な感慨がこみ上げ、キーボードを打つ指が止まってしまっただろう。語られたエピソードのそれぞれの厳しさに粛然となりつつも、その関係を生き延び、生きづらさを抱えたまま年齢を重ね、親子愛至上社会で声をひそめるように暮らし、老いた母の衰えや介護に向き合いながら、自分に誠実に生きようとする彼女たちの勇気や賢さに励まされるようにして、ここまで来た。今回の取材を通じて再認識したり、教えられたりしたことをまとめたい。

まず〝きらいな母〟は、なに者なのだろう。

幸せな子ども時代や、親との温かな思い出に恵まれた人には、なんてひどい母親たちだろう、と受けとめられたかもしれない。そのとおりだと思う。ただ、ここに登場する母親たち（私の母を含め）が娘から断罪されるのは当然としても、例外的な〝鬼母〟だと世間から一瞬で切り捨てられることに、かすかな抵抗もある。〝きらいな母〟たちにも、被害者だった側面があるからだ。だから情状酌量の余地がある、赦《ゆる》せ、というためではなく、母娘関係の外側の景色も見ておくために。さらに、暴力や支配や過干渉などはなかったにもかかわらず、母との関係に困難を抱えた人がそのわけを知る手がかりになるかもしれないから。

今回登場した母親たちは世代別に大きく二つのグループに分けられる。ひとつは、戦争を知る世代。戦中に生まれ、敗戦後の混乱期に子ども〜若者時代を過ごした人たち。ストーリー6で紹介したリエさんの母ハルコさん（一九二二年生まれ）や、私の母（一九三六年生まれ）が含まれる。もうひとつは戦後生まれ、ほぼ団塊世代と重なる。

前者を特徴づけるのは、なんといっても戦争の暗い影だ。私がACや自死遺児などの自助グループに参加し始めた一九九〇年代中ごろから終盤に出会った、当時三〇代から五〇代の女性が語る話には、親は満州（日本軍が植民地にした中国東北部）生まれで敗戦と同時に引き上げた、とか、父は日本軍の生き残りだった、などのエピソードが珍しくなかった。

「戦争トラウマを抱えた父」の被害者

戦争や軍隊経験がもたらす心的外傷については、今でこそ日本でも研究が進み、研究者や専門家の書籍やドキュメンタリー映像などを通じて広く一般に知られるようになったけれど、そのことに自分自身もつながっているかもと切実に感じたのは、まさに自助グループで語られる当事者仲間の話を聞いてからだ。

戦争や軍隊で心的外傷を——その名づけも認識もされないまま——負った父親たちが日常に戻り、戦後に築いた家庭でどれほどDVや暴力やアルコール依存症（当時は〝酒乱〟と語られることが多かった）がはびこっていたか。ふだんは無口で無感情な人が、ひとたびアルコールが入るや妻や子に暴言や暴力をふるう姿は、グループ内で語られるもっともありふれた父親像だった。ノートをとることが許された当事者グループ（〝見聞きした話は持ち帰らない〟を基本ルールにするグループでは、ノート不可の場合が多い）に参加した際に、仲間の話を書き留めた当時のメモを見ると、「一家の専制君主＝父、が支配する家庭。予期せずにどなったり、モノを投げたり、家族に暴力を振るう父と、その父に従い、子にも服従を強いるのが「良い妻、良い母」の役割と思っている母」とか、「かつて少年兵だったという父は家族の前ではいつも不機嫌におし黙り、話しかけられなかった。母は腫れ物に触るように父に接していた」などの記述がある。

戦争は、それによって見知らぬ（敵国の）人や軍隊内で殺傷し合うことを人に強いるだけでなく、生き延びた人たちの心の傷によって、妻や子どもたちに、まるで戦時下や軍隊にいるのと同じような苦しみをもたらすものだと痛感させられた。

傷つけられた痛みは、被害者がそれを被害だと認識しない限り、自分よりさらに弱い立場の人間を加害して晴らそうとされがちだ。女性たちの話は、夫に忍従した母からストレスの捨て場にされたり、不幸を穴埋めする所有物のように扱われたりしたことへの痛みや怒りに満ちていた。そういう現実を知れば、いや、うちの親は戦争を知る世代でも穏やかで、子にどんな形でも暴力や性差別をしないフェアな人だった、と振り返れる人は、宝くじで高額当せん金を引き当てたくらいの幸運に恵まれたのでは、と思えてくる。

戦争や時代の被害者として

ストーリー6のリエさんの母ハルコさんは、敗戦時に二三歳。結婚対象年齢の男性は戦死で激減し「手に職も、血縁の支援も、教育もなかった」(リエさん)ゆえにとった生存戦略から、ハルコさんが戦争や、女子に教育不要とされた性差別の犠牲者だった面が浮かぶ。

早逝した私の父は一九三三年生まれで敗戦時は十二歳。戦争には行かなかったけれど、彼の二人の兄は二〇歳にもならないうちに一人は戦死、もう一人は戦病死、と墓石に刻まれていたから、父の自死の背景にはどこかに戦争の影や、それに起因するニヒリズムがあったのかもしれない。その人に、生涯消えない心の傷痕を残す方法で先立たれ、自死を一族の恥と考えるような因習に満ちた地方都市で、周囲から忘却だけを強いられて生きた母もまた、戦争や時代の被害者という一面があったのは確かだと思う。

さらにこの世代の女性には、教育機会や公的な子育て支援に恵まれなかったことへのルサンチマン(恨み)が消えずにある、と指摘してくれたのは、ストーリー4で紹介したサヤカさんだ。ケアマネジャーとして日々接する八〇歳以上の介護保険サービスの女性利用者のなかには、（女だから）学校に行けなかった無念や、なんの公的支援もなかった時代に子育てをした苦労が負の記憶として残り、とはいえそれを政治や社会といった大きな相手に訴える力はなく、ネガティブな感情を身近な娘世代に抱く人もいる、と話してくれた。

「八〇代、九〇代になって、「学校に行けなかったのよ」とようやく口にできるようになる。これまで家族にも口にできなかった悔しさを、老いて、一人になって、家族のしがらみから解放されて、ようやく第三者である私たち介護職に言える。あなたたちはいいわね、学校に行けて、手に職を持てて、と。自身が子育てした時代にはなんの助けもなかったのよ、と子育てに社会支援を受けられなかったことへの、怨嗟《えんさ》のような感情を語る人もいます。いじわるな言い方をすると、娘世代への嫉妬もあるのかなぁと」

娘の人生に憑依《ひょうい》した団塊世代母

団塊世代である母親たちの屈折した心のありようと、それゆえに彼女たちがいかに娘をスポイルしてきたかについては、信田さよ子さんのインタヴューで解説されたとおりだ。

「男女平等という理念を植え付けられ、自由に生きること、自己実現はすばらしいことを信じて生きてきた」（信田さよ子『母・娘・祖母が共存するために』より）団塊世代であるユカリさんやエリコさんの母が、同世代女性のうちわずか一一・八％（文科省『学校基本調査』一九六六年）しか進学できなかった四年制大学を卒業しながら、あるいはサヤカさんの母が専門職の資格を持ちながら、専業主婦や自営業の夫の補助役に汲々《きゅうきゅう》とし、かつて抱いた夢も希望も奪われていくような世界で、「こんなはずじゃなかった」と夫や世間や社会に向けた怨念《おんねん》を、娘に憑依することで軽くしようとした姿が、それぞれの語りのなかにはっきりと描き出されている。

仕事を通じ、超高齢女性たちの、家族にも言えなかった負の思い残しにふれるサヤカさんは、「彼女たちは、被害者意識ゆえに娘世代に攻撃的になるのでは」とも語ってくれた。「被害と加害は表裏一体だと感じます。母娘関係が抱えた問題は個人的な点の問題というだけでなく、そこには時代や政治のゆがみが凝縮されていると実感させられます」

母の要介護期にまで持ち越された母娘問題においても、フェミニズムのスローガン「個人的なことは政治的なこと」に納得させられる。

話は飛躍するようだけれど、私が自分をACと自認しつつも、毒母、毒親など親を〝毒〟という言葉で断じない理由もここにある。母に加害されつづけた人が一度は母を〝毒〟と定義することはもちろん必要だ。私は悪くない、被害者だった、という揺るがない免責性を足場にすることなしに自分を肯定し、人生再建の途にはつけないのだから。

でも、人生は長い。母を〝毒〟と断罪した地点にとどまったまま、自分の生きづらさが解決できるほど簡単でもない。母の毒性を高めた「政治的なこと」は、時代を超えて自分自身の前にも依然と続くからだ。信田さんは、そのことをこんなふうに記している。

「毒という言葉がもたらしたものは、母娘関係にまつわる歴史、近代家族、ジェンダー、世代間の確執、息子と母といった膨大な問題系を、一気に単純化し『解毒』することだったのかもしれない。毒母という名づけは、あくまで応急措置に過ぎないことを忘れてはならない。その先に何があるのかを考えなければ、あまりの単純化はむしろ危険ではないかと思う。」（信田さよ子『母・娘・祖母が共存するために』より）

繰り返しになるけれど、ACとは「自分の生きづらさが親との関係に起因すると自認した人」。極めてミニマムに自己定義するこの言葉に立脚することで、親や家族という個人的な問題系の外に出たのちも、他者や社会との関係を生涯考えつづける契機が与えられるのだ。

過去を直視することで道が拓《ひら》ける

きらいな母の介護について語ってくれた六人について、当事者の一人として感じたことも記しておきたい。全員に共通してあらためて印象的だったのは、過去から未来にいたるまで、親子関係の美化や、事実を否認（修正）したい願望を手放す潔さだ。なーんだ、と言われそうだけど、自分を振り返ってみても、これが案外むつかしい。

児童虐待にかかわる人たちの間では常識だけれど、殴られている子ほど親の暴力を、たとえ表面的には反発して見せようが、「自分が悪いから／愛があるから」と正当化し、愛の幻想にすがりつき、親をかばう。この習性からは、成人後もなかなか自由になれない。理不尽な養育やいびつな関係によって、自分がこの世に存在していいのか常に足場が揺らいでいるからこそ、親子愛を信奉することが、親をあきらめるギリギリまで自分を支える生命線になるからだ。親子愛信仰を表明していれば、周囲や世間のうけもいい。

だから、現実に虐待的な養育を受けたことと、それを虐待だったと認識し、まして他者に語ることの間にはかなりの距離がある。私自身もそうだった。生育歴を直視し、自助グループに通いながらでさえ、「待てよ。あれを虐待と呼んでいいの？　そんなにひどくなかったのでは」と心が揺れたし、最終的にはよい母娘だった、という幻想に回帰したい気持ちに繰り返し見舞われた。だれが好き好んで、親からひどい目に遭わされた、などと認められるだろう。生まれたからにはひとりにひとつはついてくるはずだった親の愛さえ空振りだったなんて、その時点で人としてキズモノ、B級品ではないか……。だれに言われるまでもなく被害者本人自身がそう考えてしまいがちだから、よい親に恵まれた人は別として、恵まれなかった人ほど、不都合な過去のあっちをはしょり、こっちを手直しして、なんとか人前に出せるくらいには、親子の物語を意識的、無意識的に整えたりする。

だけど、そのしっぺ返しは深刻だ。小さな虚偽や否認を重ねるうちに、事実との境目を見失い、「親父の鉄拳が今の（立派な）俺を育てた」という言葉に象徴されるように、いつしか愛と暴力を渾然一体にしてしまう人がどんなに多いことか！　虐待を世代連鎖させたり、暴力や権力などパワーを信奉する人の多くはこのタイプだ。さらに、ケアという行為は、押し込めたはずの記憶や感情を、本人の意図とは関係なく、不意に白日の下に引きずり出してしまうものだから、子育てや介護に向き合ったとき、自分がされたことを愛の名のもとに無意識に再演しないとだれが言えるだろう。そのリスクを低めるには、事実と感情のありのままを認め、自分の人生の一部として自覚しつづけていくしかない。

その意味でも、この六人の母娘関係の歴史への真摯な向き合い方は見事で、介護問題へのそれぞれの選択には、それ以外になかったと思わせてくれるものがあった。

なぜ彼女たちにはできたのだろう。ひとつは、生半可な否認や修正ではカバーしきれないほど母娘関係が厳しかったから。ただ単に事実がそうだったというだけでなく、彼女たちの感性と知性が被害経験をごまかして生きることを自分に許さず、なにより重要な点は、歴史を直視することで子どもやパートナーや周囲の人々、加害者である母に対してさえ、自分が加害者になってしまうことをやめたい、という明確な意思と覚悟があるからだと思う。

さらに、その意思と覚悟が、当事者仲間や支援者（機関）、安定した職業、味方になってくれるパートナーや周囲の人、「現在の自分は過去より幸せ」という実感などに支えられていることも見逃せない。なぜなら、母との苦しい関係を生き延びた人にとって、母の介護に際して家族の絆や愛を強調されることは百害あって一利なしであり、周囲の人や社会ができることは、介護する／しないを問わず、娘自身の人生（家庭、仕事、日常など）が失われないよう、それぞれの立場で少しずつ支えることだと示唆しているから。

新しい世代が少しでも安心して生きられるようにすること。それが、先ゆく世代の一番の責任であり使命。このことは母娘関係のあらゆるグラデーションにいる人すべてに当てはまるのではないだろうか。

介護をめぐる政治や制度への不安

母の介護に直面した当事者の間では、紋切り型の親子愛を強調する世相の高まりや、「家族は互いに助け合わなければならない」とする自民党憲法改正草案への違和感や不安を口にする声も少なくない。

母に介護が必要になれば、介護保険制度のゆくえも切実に気になる。というのも、利用者主体や介護の社会化を理念の筆頭に掲げた制度がスタートした二〇〇〇年当時は、「お母さん、介護が必要になったら、娘（や家族）の手ではなく介護保険制度を利用して暮らしてね」と言えたものが、この二〇年間でサービスの実質的な利用抑制がじわじわ進んだおかげで、そうも言っていられなくなったからだ。縮小されたサービスを自費でまかなう経済的余裕がなければ、否応《いやおう》なしに家族が動員される社会になっていくかもしれない。

一方で希望を感じる動きもある。近年の当事者研究や自助グループの目覚ましい進化だ。介護家族の少数派として、男性、遠距離、超高齢、一人っ子、若者（ヤングケアラー）などに該当する当事者の証言が注目され、調査・研究の対象になったり、支援の取り組みも始まったりしている。そこに、信田さんの提案にもあった「関係の悪い母を抱えた娘」の自助グループも加えてほしいと思う。母娘関係のネガティブな歴史と感情を共有できる仲間と、介護の困難を安心して語り合える場があれば、当事者が気持ちを整理したり、自分とあとに続く世代のためにベストな道を見つけたりする助けになってくれるだろう。

母の死の知らせを受け取った冬の朝、晴れて青磁のような色の空が広がっていたことを覚えている。母は、そのときをさかのぼる約二〇年前に大腸がんになって以降、さまざま

な部位にがんができては治療と寛解を繰り返し、最後は脳に転移して亡くなった。

語弊があるかもしれないけれど、私は自分が死ぬときはがんがいいと思っている。死を予期する時間があり、かなり末期までいわゆるADL（日常生活動作）の自立が可能だから、来し方を整理し、身近な人や人生にサヨナラを告げる準備ができるからだ。

だから、もしかしたら母も……。という、心のどこかに残っていた母の人間性へのかすかな期待、甘い幻想の残滓《ざんし》は、この時点できれいさっぱり空の青に吸い込まれていった。母は最後まで私の話に耳を傾けることも、気持ちを語ることも、まして謝ることなどなかった。遺書ひとつ、手紙ひとつなかった。

母と私は、母娘というこの世で特別とされる縁で偶然に出会いながら、ついに出会うことなく、その関係を終えた。そこには自分でも意外なほどさっぱりした気分と、「これ以上、母娘関係に苦しいエピソードが重なることを不安に思わなくていい」という放心したような安堵感だけがあった。

赦す／赦さない、の判断から解き放たれ、母への気持ちがどこにあるかで葛藤しつづけた愛／憎という軸も、絶縁／和解の軸も消えていた。その場所に立って初めて、母娘関係にも〝ものわかれ〟という解放の地点があることを、私は母との半世紀を超える関係のなかで知ったのだ。

あとがき

　母を問うことは、逆・踏み絵のようなものだと思う。踏み絵にひとたび足を乗せてしまえば、たちまち母の愛礼賛社会から弾き飛ばされる。そんなことない、考えすぎだ、という人は、その現実と向き合わずに済んだほどマジョリティーの側にいられた人だ。母の愛を問うな、育ててもらった恩に報いろ、親不孝者、と全方位から濃淡さまざまに迫られたり、周囲のだれかが音もなく遠ざかったりする経験は、子どものころからなじみのものだった。

　でもだからこそ、つまり、楽でない現実とさんざん格闘せざるを得なかったからとしか言いようがないのだけれど、老いた母のいる友人・知人の姿や、街ですれ違った高齢の母娘の一瞬の光景から、まれに、ああ、この二人は本当によい関係なんだ！　と感じさせられることがあり、そのたびに胸が熱くなる。たとえば二人の間に、互いに生きてそこにいることだけを慈しむような深い信頼感や安心感が、口調やまなざしににじむのを感じるようなとき。

　そういう関係は一朝一夕に築けるものでも、生物学的に母と娘だから〝自然にできる〟ものでももちろんなく、二人が互いに、とりわけ母が娘に、相手への信頼と敬意を育ててきたからだと知っているから。そして、それがどんなに稀有なことかもわかるから。

母娘関係というとどこか特別な縁のように語られがちだけど、なにも母娘に限ったことではないのだろう。父子でも、夫婦でも、友人とでも、よい関係は、愛や絆などということれ見よがしの言葉が入り込む余地がないほど静かで淡々とし、そのくせ、他者にも寛大でオープン、その場に居合わせるだれにもリラックスした温かな気持ちを抱かせ、人それぞれの今とこれからをなんとなく励ましてくれるような力をもつものだ。

自分は得られなかったからこそ、どこかのだれかの温かな母娘関係に、娘でも母でもない者として、あえて言えば今を生きる一人の人間として、心を抱きしめられることがある。そのことで人への希望や敬意が新たにもなる。母とのそこそこよい関係に恵まれた幸運な人は、その余力を親子愛の強調や強要にではなく、恵まれなかった人が、そのことで追い詰められない社会の醸成に役立ててほしいと心から願う。

厳しかったこれまでとこの先の道を自身の言葉で語ってくださった六人の勇敢なかたがた、的確な解説と分析で当事者に知恵と勇気を与えてくださった信田さよ子さんと松本美代子さん、私にこのテーマを授け、長い道のりをともに歩いてくださった主婦の友社の平野麻衣子さん、本当にありがとうございました。

二〇二〇年一月、ベランダの梅が初めて一輪咲いた朝に

寺田和代

寺田和代｜てらだ・かずよ

立命館大学卒業後、会社員を経てフリーライター・エディター。女性誌、文芸誌、総合誌でのインタヴュー・執筆、単行本などの企画・制作に携わる一方、2000年に社会福祉士資格を取得し、高齢者介護・医療・暮らしの分野でも取材活動を続ける。30代から欧州ひとり旅を始め、その体験をもとに中高年女性が安全・リーズナブル・自分らしく欧州ひとり旅を楽しむためのガイドブック『Soliste［ソリスト］おとな女子ヨーロッパひとり旅』『Soliste［ソリスト］おとな女子ヨーロッパひとり歩き』（ともにKADOKAWA）を上梓。共著に『福祉用具で変わる介護のある暮らし』（中央法規出版）などがある。

装丁・本文デザイン――小沼宏之
編集担当――――――平野麻衣子（主婦の友社）

きらいな母《はは》を看《み》取《と》れますか？
関《かん》係《けい》がわるい母《はは》娘《むすめ》の最終章《さいしゅうしょう》

2020年3月20日　第1刷発行

著　者　寺田和代
発行者　矢﨑謙三
発行所　株式会社主婦の友社
〒112-8675 東京都文京区関口1-44-10
電話 03-5280-7537（編集）｜03-5280-7551（販売）
印刷所　大日本印刷株式会社

ISBN978-4-07-438469-3

◉本書の内容に関するお問い合わせ、また、印刷・製本など製造上の不良がございましたら、主婦の友社（電話 03-5280-7537）にご連絡ください。
◉主婦の友社が発行する書籍・ムックのご注文は、お近くの書店か主婦の友社コールセンター（電話 0120-916-892）まで。
＊お問い合わせ受付時間　月～金（祝日を除く）9:30～17:30
主婦の友社ホームページ https://shufunotomo.co.jp/